Norberto Peixoto

Ioga e Meditação dos Orixás

A união da Alma com o Purusha

Legião PUBLICAÇÕES

1ª edição / Porto Alegre-RS / 2022

Capa e projeto gráfico: Marco Cena
Revisão: Gaia Revisão Textual
Produção editorial: Bruna Dali e Maitê Cena
Assessoramento gráfico: André Luis Alt

Dados Internacionais de Catalogação na Publicação (CIP)

P379e   Peixoto, Norberto
Ioga e meditação dos Orixás : a união da alma com o Purusha. / Norberto Peixoto. – Porto Alegre: BesouroBox, 2022.
160 p. ; 16 x 23 cm

ISBN: 978-65-88737-83-5

1. Ioga. 2. Meditação – Umbanda. 3. Orixás – meditação. 4. Crescimento espiritual. I. Título.

CDU 29

Bibliotecária responsável Kátia Rosi Possobon CRB10/1782

Direitos de Publicação: © 2022 Edições BesouroBox Ltda.
Copyright © Norberto Peixoto, 2022.

Todos os direitos desta edição reservados a
Edições BesouroBox Ltda.
Rua Brito Peixoto, 224 - CEP: 91030-400
Passo D'Areia - Porto Alegre - RS
Fone: (51) 3337.5620
www.legiaopublicacoes.com.br

Impresso no Brasil
Agosto de 2022

"Ouvimos falar de santos e ascetas, profetas nos bosques retirados, que foram apenas homens de renúncia; mas Krishna e Jesus são um dos maiores exemplos de divindade, porque viveram e se manifestaram como um Cristo e, ao mesmo tempo, desempenharam os seus deveres no mundo. Suas vidas demonstram o ideal não da renúncia a ação, mas, sim, da renúncia aos desejos pelos frutos da ação, que ligam à Terra... A mensagem destes Mestres é a resposta perfeita para a idade moderna e para qualquer idade da humanidade: a ioga da ação determinada pelo dever, do desapego e da meditação para se alcançar a realização divina. Trabalhar sem a paz interior de Deus é o inferno; e trabalhar com a alegria Dele sempre borbulhante na alma é levar consigo, aonde quer que se vá, um paraíso portátil interior"
(Yogananda, 2019a, p. 439).

Sumário

Apresentação 9

1. O que é ioga? 11

2. O que é meditação? 15

3. Ioga, meditação e Umbanda 19
   Bhakti Ioga
   Carma Ioga
   Jnana Ioga
   Mantra Ioga
   Outros tipos de ioga

4. Filiação divina e orixalidade 25

5. Conceituação de Purusha ou Orixá 29

6. A porção divina da Alma – o Purusha 33

7. A genética espiritual e os Orixás 37

8. A vibração de OM – o Mantra Seminal 45

9. Orixás pessoais: o divino humanizado 49

10. Orixás impessoais: sons e luzes criadoras 55

11. Os preceitos e as observâncias que espiritualizam
o ego e libertam das aflições 59
   Não violência
   Verdade
   Não roubar
   Castidade
   Desapego
   Pureza
   Contentamento
   Austeridade

Autoestudo
Rendição ou entrega a Deus

12. Desobstruindo os canais energéticos 73

13. O prana e a respiração na fisiologia energética oculta 77

14. Sem concentração, não há meditação 81

15. Liberte sua mente da dominação dos sentidos 85

16. A intenção e as afirmações positivas 89

17. A força dos cantos mântricos em grupo 93

18. Empoderamento com os atributos divinos 97

19. Orixalidade: atributos e tipos psicológicos dos Orixás ... 101
    Exu
    Ogum
    Xangô
    Iansã
    Oxóssi
    Omulu
    Oxum
    Iemanjá
    Nanã
    Oxalá

20. Como devo meditar? 125

21. Prática: meditando com recitação
dos atributos dos Orixás 129
    Segunda-feira – Exu
    Terça-feira – Ogum
    Quarta-feira – Xangô e Iansã
    Quinta-feira – Oxóssi
    Sexta-feira – Omulu
    Sábado – Oxum e Iemanjá
    Domingo – Nanã e Oxalá

22. Dicas e explicações para os iniciantes na meditação 137

Referências 155

Apresentação

E chegou a pandemia da Covid-19...

Após quinze anos como dirigente de um centro espiritualista de Umbanda, tive que encerrar os trabalhos públicos e ficar em isolamento social. Durante esse período, observei que os companheiros de jornada que frequentavam o núcleo de meditação tiveram melhores condições psicológicas e mentais para lidar com essa nova realidade, assustadora e imprevisível. Já vínhamos meditando juntos, estudando e cantando os nomes de Deus há mais ou menos cinco anos quando do início do processo pandêmico.

Após um período inicial de resistência, adotei provisoriamente o modelo de meditação a distância, através de conferências *on-line*, com cada participante em sua casa à frente do seu altar pessoal. Surpreendentemente, houve uma grande sustentação vibratória nesses trabalhos e conseguimos passar toda a pandemia meditando juntos. Isso foi muito importante, pois mantivemos o trabalho de magnetismo e irradiação de cura para os hospitais, colapsados pelo excesso de enfermos de Covid, ao final desses encontros. Quando a cada encontro terminávamos o serviço de meditação juntos, recitávamos decretos de cura e cantávamos os nomes de Deus, canalizando as vibrações para onde estavam os doentes.

Notei uma enorme movimentação espiritual nesses momentos, e muitos conseguiram melhorar, outros tantos desencarnaram com assistência do "lado de lá", o que é uma enorme benção. É indescritível o quanto a doação de ectoplasma – fluido animal humano – é preciosa para os benfeitores espirituais após o refinamento psíquico da prática meditativa. É magnífico constatar que para o Plano Espiritual não há barreiras físicas, e as distâncias de fato não existem.

Durante esses quase dois anos de pandemia, intensifiquei o estudo da ciência da ioga e fortaleci a minha prática de meditação. Hoje mantenho a mesma regularidade, o que mudou foi o retorno dos trabalhos presenciais. Nesse período, muitos foram os *insights* perceptivos decorrentes de estados superiores de consciência, alcançados no silêncio da reclusão e na quietude do isolamento social. Sem dúvida, reverberou em mim profunda modificação, pela natural ressonância interna do Orixá ou Purusha, o Eu Sou que de fato sou.

Nada teria conseguido sem a ancoragem e "transfusão" da consciência do Mestre Espiritual para a minha consciência. Similarmente a um balde furado preenchido pela água do oceano, muitos são os furos que ainda tenho e que preciso consertar para que seja perene o divino ser que Eu Sou. Por compaixão, esse amoroso Mestre me deu abrigo e humildemente pede para não exaltar um nome ou personalidade sua de encarnações anteriores, pois Ele já é plenamente unificado com a Consciência Crística e Cósmica; onisciente, onipresente e oniabarcante com toda a criação manifestada. Juntamente com uma plêiade de seres universais, trabalha por amor à pequena humanidade terrestre. Enquanto houver um ego aflito para trás, estará entre nós para nos auxiliar na reconexão com Deus até a liberação final. Oferece-nos amizade divina e promete que nunca nos abandonará. O mel é para toda colmeia, e não só para uma abelha, nos alerta o Mestre. Todos podem ser abelhas de sua colmeia.

Este livro foi elaborado durante o período pandêmico de intensa prática meditativa. Escrito com profundo amor a Deus, ao Mestre Espiritual, aos demais mestres, deidades, divindades e santos de todas as tradições, a todos os seres criados.

Ao ler estas páginas e, fundamentalmente por sua prática pessoal, vibro humildemente para que você, amigo e amiga, irmão e irmã, leitor e leitora, encontre o néctar da autorrealização que mora na flor de lótus no alto de sua cabeça. Ao encontrar o divino que você é, sinta o amor aflorado em seu coração, distribua-o servindo aos outros, e você nunca O perderá.

O sumo servidor de todos é Deus.
Muita gratidão!

Norberto Peixoto
Porto Alegre, 9 de fevereiro de 2022

1
O que é ioga?

A palavra "ioga" ou "yoga", em sânscrito, quer dizer unir. A ideia de união está presente em todos os seus significados. A alma humana é uma faceta ou expressão da Divina Realidade. O estado de unificação com a divindade, em consciência, bem como todo o processo mental e disciplinar por meio do qual essa união é atingida, é chamado de ioga. Logo, o vocábulo "ioga" serve para designar as técnicas que elevam a consciência do ser humano rumo ao divino e aos métodos de meditação conexos ao esforço de prática dessas técnicas. Evidentemente, essas técnicas e meditações são descritas de formas diferentes nas diversas escolas e correntes de pensamentos filosóficos orientais.

Nesta obra, nos guiamos pelas definições da "ioga clássica", sistema sintetizado por Patanjali, considerado o pai da ioga na história do pensamento indiano, em sua magistral obra *Os Yoga Sutras de Patanjali*, que funcionam como um fio que liga vários fundamentos ióguicos, cada um como se fosse a conta de um colar.

Na "bíblia" sagrada do hinduísmo, o *Bhagavad Gita*, o senhor Krishna diz: "Abandonando todos os outros dharmas [deveres], lembra-te só de Mim; Eu te libertarei de todos os pecados [decorrentes de não serem cumpridos esses deveres menores]" (cap. XVIII, 66). Ou seja, ir ao encontro de Deus é o maior dever da consciência do devoto. Abandonar todos os outros deveres não significa desistir de viver no mundo, mas deve simbolizar estar no mundo sem ser possuído pelas coisas mundanas, transitórias e impermanentes. Exercitar o desapego sem descumprir os deveres menores com a vida humana exige enorme esforço, notadamente no início do processo de espiritualização do ego, que está condicionado pelos sentidos: glória, fama, poder, posses, satisfação dos desejos físicos etc.

Se ioga significa "união", o caminhar com a ioga adotando-a como prática espiritual rotineira é mergulhar na ciência da reunificação (*religare*) da alma com Deus, e isso se dá pelo estabelecimento de um estado de consciência que diviniza a existência humana, aqui e agora, no momento que é atingida, como a flecha de um adestrado arqueiro acerta o alvo.

Observemos que, para divinizarmos a nossa vida, não é necessário sermos um monge em clausura, afastados dos obstáculos do dia a dia dos cidadãos comuns. Nem se impõe que sejamos um santo com uma auréola de luz em volta de nossas cabeças. É preciso desconstruirmos o mito de que para encontrar o Deus em nós temos que nos enquadrarmos nos dogmas e tabus, dentro dos padrões morais das religiões vigentes, o que não quer dizer que não possamos ou não devamos ser adeptos e frequentadores de uma religião. Ioga não concorre com as religiões instituídas, embora ela tenha um profundo aspecto religioso.

O estado de consciência que a ioga nos treina é um objetivo possível de ser atingido tanto pelo monge num eremitério quanto pelo homem chefe de família comprometido pela competição moderna. Há que se renunciar a uma série de apegos e se desprender de todo obstáculo no caminho rumo ao reencontro com Deus. A ioga ensina como se libertar interiormente dessas obstruções, esteja você solitário numa caverna no Himalaia ou sentado num banco de praça em uma grande cidade.

Objetivamente, a Ciência de Autorrealização Divina, que é a ioga, nos ensina que enquanto houver algo ou alguma coisa na Terra que não conseguimos abrir mão de possuí-lo(a), em prol da renúncia por Deus, não conseguiremos o estado de consciência de união divina, portanto teremos que reencarnar. Para começar o processo de libertação interior, é preciso renunciar aos pequenos maus hábitos. Em uma escada se sobe degrau por degrau, assim, se o homem não se transforma intimamente, não conseguirá chegar ao topo da mestria com si mesmo.

Autorrealização espiritual significa ioga: a união com a verdade, a percepção direta com a divindade. Essa autorrealização independe de religiões instituídas e pode ocorrer com qualquer adepto de qualquer religião, pois trata-se de uma potencialidade anímica do Espírito, assim como não vivemos sem respirar, sem beber água ou sem a luz do Sol. É intrínseca à alma.

No Ocidente, muitos filósofos e líderes das religiões instituídas afirmam que Deus é incognoscível, afastando as humanas criaturas da possibilidade de terem uma experiência direta de conhecimento com Deus. A ciência da ioga ensina exatamente o contrário. A nossa unificação com Deus só se dá pelo esforço do devoto em sua prática interior. Nós somos o próprio microcosmo de imanência e transcendência, e a natureza de nossas almas é sublime.

Obviamente que essa união com Deus pode se dar de maneira pessoal ou impessoal. É pessoal quando temos o ideal de Deus com um nome e forma, como Krishna, Cristo, Oxalá, Buda, Jeová, Zambi ou Tupã, por exemplo. É impessoal quando o ideal de Deus se baseia em seus atributos divinos: amor, justiça, compaixão etc. Em verdade, os nomes e as formas de Deus são válidos para que façamos a conexão interna, e em todos Deus responde, de acordo com a capacidade de entendimento e o estágio evolutivo da consciência, se houver sincera entrega e genuína devoção ao Senhor. Paradoxalmente, o inominável indefinível tem muitos nomes, e essa diversidade demonstra a dificuldade do finito (os homens) definirem e nominarem o infinito (Deus).

Outro aspecto que é importante abordarmos, pois pode causar confusão, mesmo no mais experiente praticante e buscador espiritual: o êxtase da comunhão divina e a liberação final não significam aniquilação da individualidade. Mesmo liberados de reencarnar, seremos eternamente consciências individualizadas. A união ou fusão com Deus é o estabelecimento de um estado de consciência adiantado no qual passamos a atuar como cocriadores divinos. O que de fato acontece é que vamos nos liberando gradativamente dos corpos espirituais impermanentes: físico, etérico-astral, mental etc.

Assim, a partir da dissolução desses corpos espirituais inferiores, consequência direta da sublimação do caráter e da divinização da individualidade, não conseguimos definir detalhadamente o processo que se vivencia de união com Deus. Isso acontece quando, nos encontrando nos extraordinários lapsos de consciência ampliada, em estados profundos de meditação ióguica, retornamos do êxtase ao estado ordinário de consciência vígil, como se tivéssemos visitado a Lua e de lá não conseguimos descrever o telhado de uma casa na Terra. Similarmente, a percepção do ego encarnado (intelecto) só se expressa em veículos inferiores da consciência, e ele é o habitante dessa casa e não consegue descrever a superfície da Lua em palavras. Logo, o intelecto é finito e falho, assim como a percepção dos sentidos dos corpos que ocupamos atualmente (corpos físico, etérico, astral e mental etc.).

Concluímos que, em nosso atual estágio evolutivo, é impossível definirmos adequadamente uma expansão de consciência que se "une" com Deus. Ocorre que na "contração" da consciência, quando retornamos do êxtase para o estado de vigília, os sentidos ordinários vinculados à mente sensória e ao ego não conseguem referência para explicar o que ocorreu. O vocabulário é finito, e o finito não consegue descrever o infinito.

Alguns comentadores afirmam que é necessário aniquilar a individualidade para se fundir com Deus. Proclamam ainda que Deus é um estado de vazio absoluto – vacuidade. Em nosso entendimento é exatamente o contrário, pois Deus é um estado de preenchimento total de Graça Divina. Enfim, esses conceitos equivocados, comuns em algumas filosofias impersonalistas do Oriente, causam mais confusão e medo nos devotos do que esclarecimento e sabedoria.

Lembremo-nos que os antigos sábios, iogues avançados, que ditaram esses ensinamentos das diversas iogas, quando o faziam estavam utilizando-se de seus intelectos. Assim como o tamanduá não consegue descrever o alto do Himalaia, similarmente é impossível através do intelecto fazer a descrição verdadeira da união com Deus, mesmo em homens adiantados na senda espiritual da ioga. Somente com a experiência direta é possível saber, e quem de fato sabe, pois a experienciou, não consegue descrever. Os eruditos intelectuais a "descrevem". Paradoxalmente, a verdade é que toda e qualquer palavra diminuirá a verdade.

2
O que é meditação?

A maioria das pessoas que começa uma prática de meditação logo a abandona. Raras têm vontade e persistência para ultrapassar o primeiro ano. O estado geral vigente das mentes é agitado, de produção de muitos e acelerados pensamentos, necessitando ainda, ininterruptamente, de estímulos externos: sonoros, visuais, olfativos. Ora, para meditarmos, precisamos em primeiro lugar acalmar nossas mentes e aprendermos a nos desligar desses estímulos. Qualquer iniciativa nesse sentido é considerada muito chata pelo neófito, um tédio, pois seu estado mental, condicionado à força do hábito enraizado na rede neuronal do cérebro, é de agitação, e a mente se rebelará contra qualquer esforço em contrário. Assim, não é incomum o iniciante na meditação sentir irritação, coceira no corpo, impaciência, desconforto e sonolência, suas pálpebras pesam, chegando a dormir.

Meditar exige esforço e concentração. Meditar é buscar a realidade, algo que está além da compreensão ordinária, impermanente, e para isso acontecer é necessário se desapegar dos pensamentos, deixá-los irem embora. Obviamente é um processo muito diferente de não pensar em nada, pois exige foco de atenção para ser a testemunha ou o observador de sua própria casa mental.

O que é perene, quem sou eu, quem é aquele que busca, o que buscamos? Deve-se encontrar o ser mais interno, que é essencialmente idêntico à realidade mantenedora de todo o Cosmo, separando-se de tudo que não somos nós. Devemos transcender e nos desligar (não dar atenção) ao que não é o si mesmo eterno, o eu mais profundo, a alma imortal. A mente e o ego são adversários desse mergulho interior rumo à Luz. Transcender é separar-se do eu ilusório (personagem), passo a passo, nível a nível, liberar-se da prisão do ego e da mente, das camadas que envolvem o ser real que se encontra só, livre e misterioso.

Esse ser é consciência pura, é o Eu Sou Imortal, livre de todas as coisas sensórias fugazes, liberto de todos os objetos dos sentidos transitórios, uno com o Eterno. É símile ao ato de se descascar uma banana de muitas cascas ou camadas, em que cada camada é um veículo de percepção da mente, até que cheguemos ao núcleo, pura consciência livre de influência da mente. Esta é, em poucas palavras, a definição de meditação. Temos muitas técnicas meditativas hoje em dia, inclusive nas tradições vinculadas à ciência de autorrealização da ioga clássica.

Geralmente, iniciamos a meditação de forma dualista: o pequeno eu *x* Deus. Separados, buscamos nos unir à divindade, não importando o nome e a forma que damos ao divino. O fato é que as técnicas de meditação são muito variadas, sendo que diferentes partes desse conhecimento podem ser requeridas do praticante em estágios e condições distintos. Não há fórmulas definitivas que possam ser seguidas por todos os estágios de expansão da consciência – o que pode demorar várias encarnações. O praticante adota certas técnicas no início de sua meditação dualista (ele e o objeto da meditação, com nome e forma de Deus), e com o tempo vai adotando outras não dualistas (união com os atributos divinos, sem nome e sem forma), sempre com o bom senso de não se banalizar a meditação pelo excesso de mudanças. Não se recomenda a cada dia meditar de uma forma diferente, embora as condições mudem e exijam adaptações, o que é comum com o amadurecimento do praticante que adquire paulatinamente mestria sobre as oscilações da mente. Isso requer uma adaptação inteligente dos meios e fins para se manter a concentração na meta: encontrar o pequeno deus adormecido, o ser imortal, a realidade perene, a essência divina dentro de cada um de nós.

A meditação é um estado de consciência que acontece naturalmente, de serenidade interior e comunhão com Deus. Quem começa a meditar percebe que é muito difícil manter uma regularidade, parecendo quase impossível se concentrar durante 10 ou 20 minutos. Esse início mais "conturbado" desmotiva o iniciante, por não entender o porquê de sua inquietação psíquica, e o leva, na maioria das vezes, a desistir ou a manter-se numa prática superficial, trazendo pouca mudança interior para a sua vida. Sem acalmar a mente e o corpo não há concentração, e sem concentração não existe meditação. Essas etapas – aquietar o corpo, acalmar a mente e concentrar-se – vão ter de acontecer antes que o praticante consiga entrar em meditação. Ou seja, meditação necessariamente não é algo que se faz, e sim algo que acontece naturalmente, de forma espontânea, quando muito praticamos a concentração.

Nosso Ser Real é serenidade, paz, amor, equanimidade, felicidade. Esse é o nosso estado natural. Então, para entrarmos em meditação, precisamos retirar tudo que perturba o que somos de fato. A noção errada de quem somos, ou seja, a identificação da mente com a personalidade transitória e com os corpos inferiores, gera os hábitos negativos, os apegos e as aversões infindáveis, que devem ser "podados", similarmente à poda de uma roseira para fortalecer a floração.

Iniciar uma prática de meditação é começar um processo profundo de autotransformação – física, mental, emocional, energética – rumo a uma nova consciência. E esse é o maior obstáculo, pois não queremos nos analisar e observar nossos pontos fracos. Queremos uma vida melhor, relacionamentos felizes, saúde, sucesso, mas sem mudar o nosso jeito ilusório de possuir e controlar a vida. É gigantesca a resistência à mudança de hábitos, pois achamos que sempre a culpa é dos outros, que somos vítimas das situações, que somos azarados etc. Todas as racionalizações são feitas pelo consórcio mente-ego para procrastinar o início da autoanálise. Não queremos nos conhecer e sermos responsáveis por nossas ações. Conscientizarmo-nos que a vida que temos vivido tem a ver meramente com as nossas posturas diante dos outros e do mundo que nos cerca é um processo árduo e exige coragem. Nesse ponto de ruptura começa a mudança e de fato a prática da meditação, é quando amadurecemos e assumimos quem nós somos – autoaceitação.

Podemos e devemos meditar nos concentrando numa forma e em um nome de Deus. Esse nome e forma pode ser um Orixá, que se torna a Deidade escolhida como objeto de nossa prática meditativa. Em geral, isso também envolve a recitação de um mantra ou um canto devocional, que preferencialmente deve ser em português, para facilitar a assimilação e absorção das afirmações e dos atributos contidos nele – cantar os nomes de Deus é estar em Deus. A Deidade escolhida é apenas a forma particular em que Deus é venerado pelo praticante ou devoto. Isso significa a formação de uma imagem mental (uma imagem concreta pode estar num altar pessoal para reforçá-la na mente) e o direcionamento total da atenção para ela.

Essa imagem mental e visual é o alicerce para a união com os atributos da Deidade e, consequentemente, união com a sua consciência, que é Divina. Portanto, abre-se uma espécie de "janela" para a qual o devoto direciona seus pensamentos e suas rogativas, recebendo suas bençãos e seus poderes de realização – enfim, há uma recepção de Graça Divina. Algumas vezes, a Deidade de fato aparecerá ou falará no campo hiperfísico de visão ou audição do praticante no chacra frontal, mas esse tipo de fenômeno espontâneo não deve ser o objetivo da meditação. O centro do esforço do praticante e devoto deve ser interiorizar em si e na sua consciência os atributos e a consciência da Deidade ou do Orixá. É relevante destacar que não é finalidade da meditação provocar qualquer tipo de transe mediúnico, embora possam acontecer marcantes experiências espirituais em estados meditativos profundos.

Em que medida a imagem mental da Deidade formada pelo devoto pode servir como um canal de influxo de influências divinas, naturalmente, dependerá de seu estágio de amadurecimento espiritual. Quanto maior a sua devoção, seriedade e autoentrega, mais vivido e profundo será seu processo pessoal de meditação. Mais importante que manter na mente uma imagem clara da Deidade objeto da meditação, para o caminho de autotransformação se consolidar no modo de ser do praticante, é a compreensão (discernimento) dos atributos ou das qualidades abstratas que ela simboliza e significa. No início do processo de meditação, se utilizam mais imagens concretas (nomes e formas), já nos estágios mais adiantados o concreto é naturalmente substituído pelo abstrato (sem nome e sem forma, somente atributos e qualidades divinas). Ambos os métodos – personalista e impersonalista – são válidos para conduzir o devoto à união com Deus.

3
Ioga, meditação e Umbanda

Após conceituarmos o que é ioga e meditação, você pode estar se perguntando: e o que isso tem a ver com a Umbanda?

Se pensarmos na "ioga" postural de academia, que está consagrada no imaginário popular, não tem nenhuma relação. Mas no tocante à Ciência de Autorrealização Divina, que de fato é a ioga, tem tudo a ver com a Umbanda. Ioga e Umbanda bebem da mesma fonte. Por dentro da prática umbandista, encontramos os principais tipos da ioga clássica indiana. E quando falamos em ioga, a meditação está inserida na ioga, sendo impossível dentro da tradição clássica falar de uma e isolar a outra, embora hoje em dia haja muitos modismos e novidades no Ocidente.

Até mesmo no trabalho mediúnico, estamos praticando ioga quando elevamos a nossa consciência a Deus, aos Mestres Astralizados e Ancestrais Ilustres. Durante o transe, estamos em comunhão divina. A abordagem desta obra, porém, se limitará aos aspectos subjetivos da prática de ioga que compõem cada ser em sua busca de realização divina e fazem parte das práticas de um terreiro de Umbanda, no mais das vezes sem termos a mínima noção que fazemos ioga em nossos rituais. Sugerimos para uma análise aprofundada do mediunismo umbandista, mais direta e comum no senso de percepção dos adeptos, a seguinte obra: *O transe ritual na Umbanda: Orixás, Guias e Falangeiros* (de Norberto Peixoto, publicado pela Legião Publicações).

Bhakti Ioga

O primeiro tipo de ioga que mais se sobressai na Umbanda é, sem dúvida, o *Bhakti* Ioga, ou a ioga da devoção, da entrega a Deus. O umbandista é altamente devocional e compreende que a Suprema Consciência (Oxalá, Zambi, Tupã) é o sustentador de tudo no Cosmo, a Estrela Guia de nossos Espíritos. Durante uma sessão de caridade, nada mais existe. O adepto e médium esquece momentaneamente qualquer sentimento de separação dos poderes onipresentes dos Orixás, que são desdobramentos do Supremo, perde todas as identidades personalísticas impermanentes definidas pelo mundo ilusório e imerge como um mero servidor do divino, igual a todos os demais, como se fosse um peixe num cardume, mergulhado num vasto e infinito oceano, de doação incondicional de si mesmo – consciência, energia e sentimento.

Bhakti Ioga, ou caminho da devoção, é intrinsecamente ligado à cultura umbandista, um modo de ser, o sentimento vivo de unidade com as forças divinas, que têm vários símbolos (luz, natureza, deidade, mineral, elementos) levando à autorrealização enraizada no amoroso e desinteressado serviço ao próximo. É um estado de completa entrega a Deus e ao Sagrado simbolizado no ritual umbandista. Essa comunhão devocional durante o serviço caritativo é um "marga": um caminho para a realização da Verdade Suprema na consciência do devoto.

E como alguém pratica o *Bhakti* Ioga na Umbanda? Basicamente com amor, devoção e entrega em todos os atos rituais: cantos devocionais, que são orações cantadas (também é Mantra Ioga), se colocando como servidor dos Orixás e seus enviados; gratidão; adoração ao significado daquilo que é simbolizado pelas imagens das deidades dispostas no altar, ofertando flores, folhas, frutas, água, incenso, enfim, ofertando-se, reconhecendo que o divino está em toda parte e em tudo, mas, fundamentalmente, dentro de cada um de nós.

O verdadeiro *Bhakti* Ioga nos ensina que o amor é a natureza própria inerente ao ser, é permanente, não apenas uma emoção, impermanente e fugaz. Não devemos confundir emotividade – que por vezes a comunhão devocional nos causa em catarses psíquicas que limpam e drenam o corpo energético e emocional de impurezas, comuns de acontecerem durante as louvações aos Orixás – do verdadeiro sentido perene do amor e da consciência do propósito de vida de cada um de nós que a devoção estabelece no devoto para com os objetos de sua devoção.

Carma Ioga

O segundo tipo de ioga comum na Umbanda é o Carma Ioga. Ser a semente, a terra, a água que nutre, o jardineiro que cuida, a flor que germina e as pétalas que se abrem para que outros possam apreciá-la e desfrutá-la é a missão do carma iogue no reino de samsara – mundo impermanente. Deus é o Supremo servidor e a todos serve igualmente. Carma Ioga (em sânscrito कर्मयोग) pode ser traduzido por Ação Altruísta. A palavra "carma" sugere ação, enquanto "ioga" sugere integração ou união. Logo, podemos dizer que Carma Ioga é a integração ou comunhão com Deus pela realização e doação de todas as ações e seus resultados às pessoas, à natureza, às divindades etc., compreendendo em todos a manifestação do próprio Supremo.

Quando vamos ao terreiro de Umbanda, realizamos uma ação desinteressada em perfeita integração com a sacralidade do local e com o sagrado interior de cada indivíduo. Ao servirmos o outro em comunidade, ficamos indiferentes aos frutos alcançados, e não almejando qualquer ganho pessoal, mantemos a equanimidade interna e o equilíbrio com as Leis Cósmicas. Na prática de terreiro não há senso de vitória ou derrota, de ganhos ou perdas. Há, sim, o júbilo de servir aos Orixás, aos nossos Guias e Mentores e, fundamentalmente, servir à divindade dentro de cada ser humano. Assim servimos a Deus e refletimos a Luz Divina em nós, como luas cheias em noite estrelada.

Jnana Ioga

O terceiro tipo de ioga, *Jnana* Ioga, é o ioga do conhecimento ou, melhor dizendo, do autoconhecimento. Quando falamos conhecimento em ioga, conforme a tradição clássica consagrada, não nos referimos ao saber intelectual, mas, sim, ao conhecer por diretamente experienciar, ao compreender por vivenciar. Isso é atingido na Umbanda com a combinação do mais alto saber filosófico oral, transmitido dentro dos terreiros, de mestre a discípulo, de boca a orelha. É uma tradição ancestral que se perde no tempo. Obviamente que a dedicação, a disciplina e a receptividade como eternos aprendizes que somos cria-nos o estado eletivo para alcançarmos ou realizarmos o que os antigos rishis ou sábios do Oriente chamaram de Consciência Cósmica ou Una.

A consciência que nossos Guias Espirituais, Ancestrais Ilustres e Mestres Autorrealizados carregam em si e nos transmitem, por vezes "disfarçados" na simples roupagem fluídica de um Caboclo ou de um Pai Velho, deve ser retida e ampliada em nós pelo nosso próprio esforço pessoal. A comunhão com Deus é um caminho interno, e se não tivermos ouvidos de escutar e olhos de ver, mesmo assíduos nas sessões umbandistas, nada aprenderemos. Se não conseguirmos interiorizar nada com a beleza dos rituais e com as lindas cantigas devocionais, vamos ficar paralisados nas exterioridades.

A verdadeira *Jnana* Ioga, ou caminho do autoconhecimento pela sabedoria, é uma via de acesso interno, e o percurso e de solitude – a glória em Deus está em estar sozinho. Isso implica em um querer voltar-se para dentro do ser, em aproveitar esses momentos únicos consigo de reencontro com o Purusha – Orixá, Ori. Praticar *Jnana* Ioga é renunciar ao irreal e buscar o real: renunciar ao mundo efêmero e impermanente e buscar a Consciência de nosso ser real, eterno e imortal.

Quando amadurecemos por estarmos "cansados" de tanto viver, sofrer e desfrutar o mundo material em busca da satisfação de nossos desejos e sentidos carnais, muitas e muitas vezes por miríades de reencarnações, esse é o momento cósmico do chamado interno que faz ressoar as "trombetas" de Ogum, um convite para a verdade da Alma.

Da mesma forma como o fogo é encoberto pela fumaça, o espelho pela poeira e o embrião é envolvido pelo útero, assim a sabedoria é recoberta pelos desejos da mente. Nossa natureza divina é magistralmente descortinada por Jesus na parábola do filho pródigo, que nos diz que somos os filhos do Pai Supremo passando fome e podemos voltar para a casa Dele e compartilhar de Sua abundância.

Mantra Ioga

O quarto tipo de ioga que praticamos em todos os terreiros de Umbanda é o Mantra Ioga. "Mantra" vem do sânscrito "Man" e significa "mente", e "Tra", controle ou proteção, significa instrumento sonoro para conduzir a mente a Deus. Então, os mantras vocalizados são uma combinação de sons emitidos repetidamente para a concentração da mente e a elevação da vibração pessoal dos chacras. Podem ser monossilábicos ou conter palavras, frases curtas e até mesmo textos mais longos que devem ser recitados. É comum encontrarmos mantras na forma de hinos, canções ou orações devocionais.

Nossos pontos cantados são poderosos mantras, notadamente os passados antigamente pelas entidades manifestadas diretamente nos médiuns. Por isso, devemos priorizar esses cantos de raiz ao construirmos nossos repertórios de cantigas. Certas combinações de palavras (sons) contidas nessas ladainhas são potentes chaves vibratórias que elevam nossas vibrações e propiciam estados alterados e superiores de consciência. Os pontos cantados na Umbanda têm uma função e, quando adequadamente utilizados, são um dos fundamentos indispensáveis da comunhão com Deus nos terreiros.

Outros tipos de ioga

Temos ainda outros tipos de ioga que são, intrinsecamente, praticados na Umbanda. Importa registrarmos que a ioga clássica não é uma religião sectária e se acomoda ao perfil religioso devocional de cada iogue, ou adepto. Umbanda é Luz Divina. Quando refletimos essa luz em nós, estamos em ioga, isto é, estamos em união com a divindade, que se acomoda em um nome e uma forma conforme a consciência de cada devoto.

> Refletiu a Luz Divina
> Com todo seu esplendor
> Vem do reino de Oxalá
> Onde há paz e amor
> Luz que refletiu na terra
> Luz que refletiu no mar
> Luz que veio de Aruanda
> Para tudo iluminar
> A Umbanda é paz e amor
> É um mundo cheio de luz
> É a força que nos dá vida
> E a grandeza nos conduz
> Avante, filhos de fé...

O *Hino da Umbanda* é o mantra principal dos umbandistas.

4
Filiação divina e orixalidade

Todos nós temos uma filiação divina, um "pai-mãe" que nos gerou Espíritos. Como diminutas chispas que se soltam de uma labareda infinita, tomamos contato com as primeiras vibrações antes de estarmos manifestados fora do útero materno genitor. O *Plano Criativo de Deus*, ou *Plano Virginal*, é imanifesto, não vibrado e "vazio" de manifestação. É imanifesto pois está assentado no vazio absoluto, o que não significa não existência. É o estado virginal e puro da Suprema Consciência. É "vazio" de vibrações fenomenais por ser não vibrado. Tudo o que se observa no espaço e no tempo é um fenômeno que aparece em nossa percepção mental. Entretanto, para todo objeto que aparece e o percebemos, existe também um algo mais imperceptível, como se fosse uma matriz geradora que é numenal – além do manifestado. Essa "matriz" ou consciência divina é preenchida de onipotência e onisciência, é oniabarcante e tudo abrange. É o assim é, Eterno Onipresente.

Passamos pelo Plano Virginal como pássaros que rasgam o céu e não deixam nenhum sinal. Adentramos os primeiros lampejos de manifestações, inefáveis, já no *Plano Causal Ideativo*. Plano esse manifesto, vibrado, preenchido de consciências sublimes que habitam os planetas espirituais. O vácuo não é vazio, e sim espiritual, e as manifestações são não físicas, às quais não conseguimos definir em nosso atual estágio de compreensão, similarmente ao girino na poça de água que nunca esteve no oceano. Nessa dimensão espiritual, consciências totalmente libertas "idealizam" o Cosmo, projetando galáxias, estrelas e orbes. São os engenheiros e arquitetos siderais, que podem, por amor ou por outros motivos educadores, se manifestarem nos planos astrais, etéricos e/ou físicos de cada astro criado. Aglutinam os átomos astralinos e se comunicam por intermédio da forma que melhor serão compreendidos, numa ação holográfica ainda inimaginável para nós.

Como pesadas âncoras arremessadas ao mar, adentramos o Plano Astral e somos atraídos para um planeta material inferior. Observamos que cada planeta tem um Plano Astral específico e que existem planetas hiperfísicos. Sendo assim, o Plano Astral, em suas variadas e multicoloridas manifestações, ainda não é o Plano Espiritual. Muitos espiritualistas, espíritas e religiosos "vendem" o Plano Astral Superior como sendo o céu ou a morada espiritual definitiva. Logo, o Plano Astral é manifestado, vibrado, preenchido e físico, embora menos denso que o terreno materializado. É manifestado em miríades de formas minerais, vegetais e humanoides, sendo impactado pelas vibrações dos elementos, e preenchido de formas-pensamento.

Desde o Plano Causal Ideativo para o Plano Astral, e deste para o físico, os Orixás ou Purushas, expansões da Consciência Suprema, se expandem manifestando e se diferenciando. São os senhores regentes dos elementos ar, terra, fogo, água e éter que ordenam, organizam e disciplinam todas as formas manifestadas. Todo objeto, ou coisa concreta física e hiperfísica, é formado por esses elementos. Os Orixás ainda carregam as perfeições, os atributos e as bem-aventuranças divinas e nos influenciam desde o primeiro contato com o Plano Causal Ideativo. São eles que organizam e ordenam os "átomos" de cada plano e permitem que estes se aglutinem para formar os corpos ou veículos para que consigamos habitar esses planos e, por fim, encarnar num planeta material.

Ao habitarmos o Plano Astral de um planeta e ao encarnarmos num corpo físico, iniciamos a jornada na formação da consciência e o longo processo de individuação. A cada encarnação, certos atributos e perfeições dos Orixás são trabalhados, destacando-se suas influências em nós em maior ou menor grau de intensidade, o que comumente nas religiões de matriz africana é popularizado como Eledá, ou pais e mães de cabeça.

Em verdade, independentemente dessa filiação temporária a cada encarnação, somos eternos filhos de todos os Orixás, pois eles são expansões da Consciência Suprema, o "pai-mãe" que nos gerou. Logo, são nossos pais e mães universais. Assim, temos os perfis psicológicos de cada Orixá, que se sobressaem em determinadas encarnações e em certas situações de nossa vida psíquica, emocional e afetiva. Servem como "impulsionadores" no polimento de nosso caráter e contribuem para a espiritualização do ego.

Quando interiorizarmos todos os atributos dos Orixás, seremos consciências individualizadas que venceram todos os propósitos das diversas vidas corpóreas em sucessivas reencarnações, em planetas físicos e hiperfísicos. Assim como a gota da chuva se dilui na lagoa, mas continua sendo água, nos "dissolveremos" no oceano cósmico do Plano Espiritual ou Causal Ideativo. Continuaremos sendo consciências únicas, incomparáveis e individuais, todavia sem estarmos separados uns dos outros, pois estaremos totalmente integrados com outras consciências e em *ioga* (união) eterna com Deus.

5
Conceituação de Purusha ou Orixá

Purusha é um conceito que se diversificou ao longo do tempo nas tradições filosóficas do Oriente. O significado de Purusha explica a criação do Universo. Purusha é um ser sagrado. A partir dessa sacralidade, todas as formas de vida, incluindo os seres humanos, foram e são criadas.

Em sua essência vibratória, Purusha é não nascido, sem forma, pura vibração, sem sopro vital e sem mente, todavia carrega consigo a Consciência Divina – ele é em si o alento inseminador da vida e deriva do Supremo. É mais "elevado" do que toda e qualquer deidade existente nas diversas cosmovisões e tradições religiosas. É uma verdade universal, expansão de Deus, e assim, do Purusha, nascem o fôlego vital e a alma de todos os seres.

Na tradição clássica da ioga existem duas realidades últimas cuja interação é responsável por todas as experiências: Prakriti (matéria) e Purusha (Espírito). Assim, o Universo é concebido da combinação de uma parte material – aproximadamente ¼ de todo o Cosmo é visível e físico – sujeita à constante mudança e onde há nascimento e morte, reinando a impermanência e a transitoriedade. O Purusha é o princípio universal presente em tudo e em todos os lugares, inclusive nos aproximados ¾ do Cosmo que são imateriais, com suas infinitas dimensões, aglomerados de estrelas e planetas espirituais (ao menos como compreendemos hoje pela astronomia). É eterno, indestrutível, sem forma e onipresente.

Existem leis organizadoras da natureza manifestada que operam subjacentes à própria manifestação, para regular, guiar e dirigir a mudança, a evolução, a causa e o efeito. Purusha dá vida à matéria e ao imaterial. É a fonte de todas as consciências, a essência vibratória única que cria unidade em todas as formas de vida no Cosmo e sustenta o Eu individualizado de cada criatura, oportunizando a percepção consciente de si mesmo. Assim como a água da chuva está nos Céus e no fundo do poço, similarmente existimos individualmente, mas não somos separados da Fonte Cósmica – Deus.

O caminho para a realização espiritual e de liberação dos mundos físicos de impermanência, de nascimento e morte dá-se com a realização (união ou ioga) do Purusha na consciência da individualidade, tornando-se a alma plenamente divina em sua expressão. Em essência, a Alma já é divina, mas, conscientemente, no senso comum preponderante na massa humana, a individualidade não sabe disso, por ignorar (ego) sua real procedência e constituição espiritual.

Após essas conceituações iniciais, afirmamos que a palavra "Orixá" é derivada da palavra original "Purusha". Devido às várias transformações linguísticas ocorridas ao longo do tempo – "Urusha", "Orusha", "Orisha" –, chegou-se a "Orixá", como é conhecido hoje no Brasil.

O Purusha é o mesmo Orixá das religiões afro-brasileiras e da Umbanda. A cultura e os saberes das tradições "caminham" na Terra não só pelas andanças dos homens sábios, mas, especialmente, sob o influxo incontrolável dos renascimentos sucessivos no orbe. Não há descontinuidade, no conhecimento da verdade adquirido pela consciência, entre suas muitas vidas passadas. A consciência mergulhou numa profusão de experiências acumuladas enquanto esteve miríade de vezes corporificada na matéria.

Em certas épocas, de tempo em tempo, os cupins ganham asas e saem em revoada para criarem um cupinzeiro. Onde surgiu o primeiro cupinzeiro? Ninguém sabe. Similarmente à tradição espiritual dos Purusha, pujante na filosofia védica em ampla região, originária do devanágari, a língua dos deuses – comunicada aos grandes sábios durante seus estados alterados e superiores de consciência – "voou" no cosmo, em amplas latitudes dimensionais. De onde veio? O que importa é que os registros foram e são passados de mestre a discípulo, há milhares e milhares de anos, oralmente, de boca a orelha. Esses saberes "caminharam" no planeta.

Tem uma oração cantada, consagrada nos terreiros de Umbanda, que diz assim:

Caminhou, caminhou,
Preto Velho caminhou.
Lá na Aruanda Maior,
Preto Velho caminhou.

O saber dos Orixás "caminhou" não só na superfície planetária como também pelo Cosmo (Aruanda Maior), chegando à Terra, a determinadas regiões da África, originárias do antigo povo arya ou arianos. Inicialmente pelos drávidas ou povos do vale do Rio Indo (*sindhus*), espalhou-se por toda a Índia. Tornou tradição oral impregnada na cultura religiosa vigente, por meio da visão e audição transcendentais dos rishis, os sábios antigos da tradição védica. Os rishis foram os compiladores dos textos sagrados do Sanatana Dharma (religião eterna), hoje conhecido como hinduísmo. São avançados iogues que tinham contato com seres das estrelas e difundiram o conhecimento para a utilização e o aperfeiçoamento dos povos, não só da Índia, mas da humanidade.

Consideremos as adaptações linguísticas à cultura de cada local, ao seu panteão de divindades e mitologia, e teremos um mesmo fio que tece um rico mosaico, matéria primeva de uma única essência. Logo, o Purusha é o Orixá, o Orixá é o Purusha, assim como o galho da figueira é a figueira e a gota do mar é o mar. O Purusha ou Orixá, independentemente de ser originário dos seres das estrelas, ter começado na cultura védica, ser africano ou estar no imaginário do brasileiro, é força cósmica universal. É Deus em ação!

Podemos dizer que a palavra "Orixá", em seus aspectos básicos de interpretação, significa: "luz do senhor", "mensageiro", "força da cabeça". "Ori" significa "cabeça", elemento fundamental para o pensamento contínuo dos seres encarnados, como se fosse uma caixa de ressonância da mente extracorpórea. O discernimento e o poder criativo da mente ressoam na caixa craniana que abriga o cérebro, mas verdadeiramente sua fonte geradora está num duplo em outra dimensão vibratória. O Purusha é uma força característica de cada Espírito individualizado, sua essência divina particularizada e diferenciada do Criador, o senhor da força sutil, regente de toda a natureza criada, manifestação diferenciada das qualidades e dos fatores de Deus.

Afirmamos que o Purusha (Orixá) de cada individualidade não tem a ver com uma entidade extracorpórea, mas, originalmente, com uma essência primordial, interna que o acompanha, energética e vibratória, cósmica, que influencia o modo de ser e o destino de cada consciência – Ori –, seja encarnada ou desencarnada. Na obra de Deus, nada é aleatório, nada é anárquico, tudo obedece a uma vontade inteligente e direcionada para aquele fim.

Todas as religiões, mesmo as mais primitivas, admitem que os fatos acontecem em harmonia com uma vontade maior, que a tudo administra. Afirmam que não cai uma folha de uma árvore sem que Deus saiba e permita.

Devemos almejar entender a natureza de Deus pela experiência direta com Ele, por intermédio da união (ioga) com o nosso Orixá, ou o Purusha individualizado que habita em cada ser. Deus em seus infinitos atributos é infinitamente superior à nossa finita capacidade de compreensão intelectual, o que nos faz divagarmos buscando o entendimento de fenômenos palpáveis, mas impermanentes e transitórios.

6
A porção divina da Alma – o Purusha

Todo ser humano é sustentado por uma Centelha Divina. Popularmente, é a dita "alma". Essa centelha é animada por uma porção realmente divina – o Deus no Eu ou o Eu no Deus. A deidade individual é o Purusha, a micropartícula constitutiva da Centelha Divina que anima a alma. O núcleo central do Sol é mais quente que a sua superfície. Similarmente, o núcleo central da Alma, a Centelha Divina, é uma "chispa" mais quente e vibrante que emite refulgente luz.

Essencialmente, a Alma nunca perde a conexão com o seu Orixá ancestral ou Purusha. Na jornada eterna da existência imortal, a alma aviva e habita vários corpos materiais, até que desenvolva a consciência de que é Espírito, tal qual o sopro atiça o fogo na fornalha para derreter o ferro e o ferreiro moldar a ferramenta.

Nos primeiros estágios, a percepção de si é inexistente, e os sentidos identificam-se com tudo que é corpóreo. É a fase de lancinante sofrimento, pois a impermanência do organismo carnal suscita tormentos mentais com repercussões no além-túmulo. É dessa forma que os vales do umbral inferior fazem uma orquestra de gemidos e uivos, o intenso lamento choroso das Almas aflitas ensandecidas nos charcos. Assim são os transtornos psíquicos pela ausência da satisfação dos sentidos corpóreos.

A mente sensória deve ser dominada, por meio do autocontrole e de constante autoanálise do que se pensa. A postura correta que fortalece a distinção – discernimento – é conquistar a si mesmo, tornando-se rei/rainha em seu castelo interior. Esse rei ou rainha é aquele(a) que observa, é a testemunha atenta de seus súditos, ou seja, os próprios pensamentos. Ao não permitirmos que a mente aja como uma "fábrica" descontrolada de pensamentos, deixando ir embora o que não serve para a nossa serenidade e sustentação de uma espiritualidade madura, agimos com mestria. Assim, interna e paulatinamente, vamos modificando nossos hábitos negativos.

Um barqueiro atravessa o rio de uma margem à outra. Ao chegar do outro lado, pisa em terra firme, coloca o barco nas costas e anda com o peso dele. Assim age a alma condicionada às sensações no Plano Astral, após a passagem da consciência do corpo físico para o corpo mais sutil astralino – age e pensa como se ainda estivesse pisando na Terra. A sintonia com a real constituição da Alma – permanente, imortal e imutável – fica nublada com a viciação da mente ao gozo da posse dos objetos dos sentidos. O condicionamento mental às sensações corpóreas almeja sentir o prazer e é insaciável.

Os desejos são insaciáveis. Ao satisfazermos um sentido, logo a mente sensória se entedia e busca nova sensação. O descontrole nesse processo ocasiona diversos vícios: drogas, bebidas, sexo, trabalho em excesso, jogos de azar. Hoje temos a Internet, que também vicia, uma vez que a arquitetura das redes sociais foi planejada para ser um potente "dopamínico" cerebral. Quando os neurônios desse sistema são ativados, eles liberam dopamina (hormônio neurotransmissor) em regiões específicas do cérebro, causando o aumento da sensação de prazer, propiciando uma sensação de euforia que condiciona a mente e o estado psicológico do indivíduo.

Não há nada de errado ou pecaminoso em sentirmos prazer, pois essa é a natureza intrínseca da alma. Todavia, nos estágios primários da existência, fixa-se a consciência no corpo físico e, pelo domínio da mente sensória, se esquece do contínuo esforço da Alma em se conectar com Deus e auferir a bem-aventurança, o máximo de prazer espiritual – a real natureza da Alma. É natural e uma disposição intrínseca do ser psíquico, portanto, buscar o prazer, uma vez que é a disposição constitucional de todos nós enquanto Espíritos imortais.

Na frágil consciência espiritual do homem comum, que ainda ignora sua real procedência divina, o bem-estar da comunhão com Deus e com o seu próprio Espírito é substituído pelos comuns e impermanentes prazeres carnais: comer, dormir, beber e fornicar. Anos de excesso no campo sensório exaurem os nervos, e a fadiga do corpo físico envelhecido exige uma renovação interior, mesmo que seja uma tentativa para a próxima encarnação. Assim como o pássaro criado em viveiro que é solto volta à gaiola, o homem escravizado pelos próprios sentidos naturalmente deseja reencarnar para se satisfazer novamente pelo gozo dos sentidos.

Outro aspecto que determina a reencarnação é o sentido de possuir: os prazeres dos sentidos propiciados pelo organismo físico geram pensamentos de posse em que o Eu se confunde com o ter ao invés do ser. É a armadilha do "Eu igual ao meu": meu corpo, meu braço, meu cabelo, minha casa, meu carro, minha mulher, minha empresa, meu diploma, meu sítio, meu dinheiro, meus filhos... Meu, meu, meu... Tudo impermanente, fugaz, volátil e temporário.

É impossível ser o possuidor e controlador das coisas efêmeras. Fatalmente haverá sofrimento, e quanto maior a hipnose da consciência em se identificar com posses transitórias, tanto mais miserável será a existência após a morte física. Isso porque as ondas de pensamentos continuarão agitando o lago da mente, e sem a satisfação dos desejos pelos sentidos (audição, paladar, olfato, visão e tato) em contato com os objetos, coisas materiais que dão prazer, o sofrimento será enorme para o recém-chegado materialista no Plano Astral.

O afastamento compulsório das posses do mundo – mulher, filhos, parentes, cargos, títulos, diplomas, certificados, bens etc. – causará enorme aflição mental no apegado ego desencarnado no Plano Astral, imantando-o à terceira dimensão terrena onde predomina os ciclos impermanentes da natureza manifestada. Nesse aspecto, é impossível não vivenciar existências miseráveis, o que Jesus denominou como "pobres de espírito". Reflitamos que pobre ou humilde de espírito não se refere à pobreza financeira, ou aquele que é desprovido de bens. Diante da perspectiva do Espírito imortal, a pobreza material em si não significa um bem nem a riqueza em si mesmo é um mal. Os homens são "pobres de espírito" quando apegados às coisas mundanas, independentemente de serem ricos ou pobres materialmente. É esse apego que gera a miséria espiritual, as aflições e os tormentos da Alma.

O processo de espiritualização é sustentado na busca da conexão da mente, por intermédio da imposição da vontade associada à inteligência intuitiva discernidora (budhi), com a constituição real e permanente do ser, forjando-se a consciência para a verdadeira percepção de si. Seremos eternamente Almas individualizadas, mesmo nos planetas espirituais inefáveis, indescritíveis em palavras humanas, assim como a luz não consegue descrever sua própria refulgência luminosa por não "enxergá-la".

A união (ioga) com Deus é um estado de percepção da consciência, que ao dar-se conta de sua real constituição cósmica une-se em potencialidade divina ao Criador, contudo, sem aniquilação de sua individualidade, o que seria "suicídio espiritual". Essa união não significa ser igual a Deus, mas render-se a Deus como sua eterna partícula, de maneira semelhante à uva, que não vive sem o galho da videira que a vitaliza. Somos eternamente almas individualizadas, e não meros corpos físicos temporários. Devemos nos esforçar para direcionarmos a consciência para a essência constitutiva da Alma, para o Purusha, a deidade interna que habita cada um de nós.

A união com Deus é a união da consciência com o seu Eu Superior e imortal, o Purusha – Orixá. Esse é o ponto central que diferencia o iluminado do ignorante, o homem com discernimento espiritual do homem animalizado. A grande liberdade é quebrar as algemas da ilusão material impermanente. A preponderância da vontade associada à inteligência (budhi) não se ilude com a voracidade do tempo, que a tudo consome e dá fim, assim como o ator não se confunde com a personagem de um filme.

A Alma renascerá tantas vezes quanto for necessário, em muitos corpos diferentes, em vários planetas e em infinitos Universos materiais, até que a consciência se libere integralmente da "masmorra" que ela mesma cria e a aprisiona na energia material. O primeiro passo começa em conter o domínio da mente pelos objetos dos sentidos. Isso se inicia somente após "infindáveis" renascimentos corpóreos.

7
A genética espiritual e os Orixás

Podemos dizer que o homem é um viajante solitário num enorme castelo que possui, num corredor sem fim, inúmeros salões contíguos fechados. A cada porta que precisa abrir para entrar, deve despir-se da roupa que usa e colocar novas vestes que estão penduradas num cabide na entrada. Os novos trajes estão de acordo com o festim que participará em cada salão: podem ser as vestes de um príncipe ou os andrajos de um mendigo. Seu desempenho em cada nova festividade determinará a roupa que o espera no próximo cabide da existência. Assim é a memória genética espiritual que dinamiza o corpo astral (perispírito) entre as encarnações sucessivas. Dará a ela a conformação afim às roupas que a personagem a ser vivida na confraternização de cada reencarnação precisa: de um exímio corpo deslumbrante a um anão sem pernas, a cada nova encenação a roupa se moldará segundo as obras a serem realizadas e de acordo com as construções erguidas anteriormente.

Quanto à influência da memória genética do perispírito na formação do novo corpo físico, existe uma interatividade energética do corpo astral (perispírito) com a dinâmica gestacional, desde a fecundação. A mente do Espírito reencarnante tem gravada no seu centro dinâmico (conhecido como mônada) todos os registros causais de atos passados que repercutem numa forte ação teledinâmica, formando potentes dínamos mentais e consequentes campos eletromagnéticos modeladores nesse corpo plasmático que é o perispírito.

Cada registro causal, que é adquirido ou criado em determinada encarnação passada, enfeixa-se vibratoriamente sob a matriz de influência energética de um Orixá. Essa interação entre vidas sucessivas do veículo modelador perispirítico e os novos corpos físicos tem interferências vibratórias das partes interessadas e responsáveis pela ação cocriadora, que se exaure nos canais da paternidade e da maternidade terrenas. De regra, esses acontecimentos se dão em nível inconsciente entre os envolvidos nas diferentes fases que compõem o processo de renascimento, desde a etapa de escolha dos genitores, que antecede à fecundação biológica, prossegue durante a gestação e o nascimento e se prolonga em maior ou menor frequência, em maior ou menor intensidade, entres pais, filhos e irmãos, nas condições e circunstâncias cármicas requeridas, até por volta dos 7 anos de idade do reencarnante, quando finalmente o corpo astral modelador se acopla definitivamente ao novo corpo físico.

Os fatores intervenientes nesse processo vibratório de interação entre os campos eletromagnéticos organizadores do perispírito que interferem na gênese orgânica do corpo que se formará são autorizados dentro da mais absoluta justiça e da conformidade com as experiências que o Espírito reencarnante deverá obter em sua nova vida. Obviamente, a análise de todos os fatores intervenientes (família, raça, condição socioeconômica, local de nascimento, religião dos pais etc.) ultrapassa sobejamente a formação embrionária do novo corpo físico. Por sua vez, a anatomia sutil se compõe de maiores complexidades pela interação necessária de outros corpos energéticos que envolvem o centro do Espírito, a sua mônada, mas no momento não é prudente nos aprofundarmos nisso. sob pena de tornarmos o tema por demais complexo e eletivo a poucos.

Importa esclarecer que os meandros energéticos das individualidades reencarnantes, em suas nuances extrafísicas, causadas por atos em vidas passadas na matéria, favorecem a criação de certos campos de força no perispírito que se instalarão no corpo bioplasmático acoplado no embrião, que, por sua vez, formará o futuro corpo físico durante a gestação. A intervenção pelos arquitetos e engenheiros cármicos se dá para que sejam rigorosamente cumpridas as experiências cármicas necessárias à evolução do Espírito.

Existem intervenções para que a influência dos Orixás no corpo astral do reencarnante seja diminuída e aumentada perante as exigências de bem cumprir os imperativos naturais da vida, como diz o aforismo popular: "aqui se faz, aqui se paga". Os mentores astrais movimentam as energias dos Orixás, interferindo na sensibilidade do corpo astral a favor da evolução dos homens. Obviamente, tais manipulações energéticas são sinérgicas ao estabelecimento do plano cármico do reencarnante, tendo em vista os objetivos educativos das experiências a serem vividas na carne. Assim, se um determinado Espírito reencarna e será médium de cura, sua sensibilidade se ajustará de acordo com as tarefas que for desempenhar, ligadas aos Orixás que regem os processos curativos e das doenças. Cada Orixá, em semelhança com os arquétipos e as influências psicológicas humanas, se fará sentir no modo de ser do ente que volta a reencarnar, impactando não só no psiquismo como também no tipo de corpo afim com a energia que mais deve sobressair-se.

Múltiplas operações magnéticas espirituais são realizadas nas intervenções que se fizerem necessárias no perispírito, que será o modelo organizador biológico do corpo físico que se formará. Estabelecido o plano de trabalho que é justo ao reencarnante, ele sofre, antes de aproximar-se dos futuros pais, complexas intervenções energéticas que ocasionarão certas especificidades vibratórias em sua futura tela etérica, espécie de teia de proteção que será construída no duplo etéreo quando da formação do corpo físico. Assim, em obediência aos ditames maiores de equilíbrio, cirurgicamente, os chacras astralinos do futuro médium são alterados em seus giros, velocidade e frequências vibratórias para que se ajustem às ondas eletromagnéticas dos Orixás que o influenciarão. Esses vórtices energéticos servirão de para-raios para a sintonia dos guias que acompanharão as tarefas do médium enfeixadas nessas energias do Astral, como os programas de computador, que devem rodar na máquina processadora a contento.

Todos os processos reencarnatórios, naturalmente, sofrem ingerências cármicas que objetivam a evolução sob a égide dos Orixás, aos quais daremos alguns exemplos.

A influência dos Orixás ultrapassa largamente as intervenções magnéticas nos corpos sutis, nos chacras e, por sua vez, no corpo físico que se formará. Na maioria das vezes, o embate entre Almas adversas que se reencontram compulsoriamente em uma família objetiva a evolução psicológica de Espíritos retidos nas malhas do ódio e do revide. Certas situações de conflito ocorrem como se fossem encruzilhadas que devem ser vencidas na longa jornada dos Espíritos imortais, rumo ao aprendizado do amor, como no caso exemplificado a seguir.

Uma jovem mãe com uma filha de 3 anos teve muitas dificuldades para engravidar e, durante a gestação, precisou ficar em repouso absoluto, pois, ao menor esforço, sangrava. A filha é chorona desde o nascimento, apresenta dificuldade para dormir e treme de medo ao ficar só. Após a bebê nascer, a mãe teve inflamação nos dois mamilos, apareceram hematomas no corpo, não teve uma gota de leite e seus seios, misteriosamente, diminuíram, como que murcharam, no primeiro ano da filha. Em uma vida passada, a mãe foi uma senhora rica de uma grande fazenda de café. A filha de hoje foi uma escrava de beleza inebriante. Essa senhora feudal fez uma longa viagem de passeio à Europa, e o marido ficou para cuidar das plantações, que exigiam constante supervisão. Ao voltar, encontrou a escrava amamentando um lindo bebê mestiço. Ficou desconfiada e quis saber de quem era aquele filho, mas todos desconversavam, principalmente o esposo, que se mostrou bastante indulgente com o fato, o que não era do seu comportamento habitual. Desconfiada de alguma estripulia do marido durante sua ausência, mandou prender imediatamente a escrava e a torturou até que confessasse que o pai era o esposo da sinhá. Foi jogada num porão para morrer no meio dos ratos. Seus seios petrificados pelo excesso de leite foram mordidos pelas ratazanas esfomeadas, causando-lhe uma forte infecção, a peste. Ao ser descoberta definhando, não teve mais salvação e, no momento crucial em que a morte se apresentava, rogou uma praga à patroa, dizendo que ela nunca teria filhos. Realmente, ela não teve, e seus dias acabaram em profunda depressão, desencarnando aos 38 anos. Hoje, ambas retornaram como mãe e filha. A que esconjurou veio como filha, e a que mandou torturar, como mãe.

Os Orixás Iemanjá, regente da fecundação, e Oxum, símbolo da gestação, influenciaram decisivamente no encontro dessas duas Almas para que se perdoassem e exercitassem o amor além das aparências, raças e condições sociais. Em ambas ficaram demarcados na memória genética espiritual, na forma de pontos vibratórios desarmônicos, os desmandos dos atos pretéritos para resgate no presente. Reforça-se o aforismo popular "aqui se faz, aqui se paga", que nesse caso refere-se ao tabernáculo físico que abriga os Espíritos. A Lei Maior nada tem de punitiva e é plenamente justa. "A cada um é dado segundo suas obras", nos ditam os Maiorais dos tribunais divinos, vibrando em Xangô.

Muitos ensinamentos podemos absorver diante do conhecimento de que todos temos uma memória atemporal, que fica impressa entre as vidas sucessivas. Somos como barro nas mãos do oleiro divino Oxalá. As mãos se movem, formando a estátua e respondendo aos comandos que nossas atitudes determinam, em consonância com o exercício do livre-arbítrio e com o merecimento que cada um deve colher. A interdependência dos corpos espirituais se dá além da matéria, notadamente os inferiores que se moldam na forma astral e física. Demarcam-se no psiquismo de profundidade do Espírito as descompensações vibratórias entre uma vida e outra, numa espécie de balanceamento repercutido pelas ações individuais. Nossos atos de ontem demarcam o que somos hoje, e no aqui e agora podemos modificar o que seremos no futuro, a nosso favor ou contra nós. A sabedoria e o infinito amor das leis do Grande Arquiteto se comprovam ao oportunizarem a eterna possibilidade de evolução e a liberdade de expressão da vontade. Ao compreendermos que o cálice divino está em nossas mãos, não nos esqueçamos de que ele pode ser preenchido pelo vinho dos "céus" ou pelo fel dos "infernos". A escolha é unicamente de cada um de nós.

Para nosso melhor esclarecimento dentro do assunto mediunidade, daremos alguns exemplos de ingerências cármicas que objetivam a evolução dos médiuns sob a égide dos Orixás e da memória genética espiritual.

Um jovem e ardoroso católico, ao se ver renegado pela moça que amava, tentou tornar-se padre, mas foi recusado pelos clérigos superiores da congregação por ser gago. Revoltado, alistou-se nas Cruzadas como soldado. Em uma batalha sangrenta, durante a invasão a um clã pagão, foi emboscado e morreu com uma espada fincada em seu capacete, que esfacelou seu crânio. Desencarnou com fortes dores. Na sua nova encarnação, voltou como uma mulher médium, sob a regência de Xangô, para exercitar a paciência e o senso de justiça. Toda vez que se irrita, sente forte dores de cabeça. Em ressonância magnética, ficou diagnosticado que teve excesso de cálcio na parte do crânio que encobre o lobo frontal, formando uma ossatura mais grossa, exatamente no local onde o capacete do soldado de outrora teve o cérebro afundado. Quando se irrita, descarrega adrenalina na corrente sanguínea, que é um potente vaso constritor, aumentando a velocidade da circulação do sangue e contraindo a massa cerebral limítrofe à parede óssea do crânio, advindo as dores. Exceto pela dor, esse processo é inofensivo. Seu corpo físico veio demarcado para que aprenda a controlar suas emoções e sua intempestividade, adquirindo justiça interna e parcimônia nas reações diante das adversidades da vida.

Outra médium foi uma jovem filha de nobres europeus que estava prometida a casar-se com um rapaz de outra família abastada. Ele, ao ser morto em uma batalha durante a guerra, deixou-a viúva antes de se casar. Seu pai, querendo a "dar" para outro de grandes dotes, obrigou-a a confessar que não era mais virgem e, então, a abandonou em um convento de clausura num acordo com a Igreja, que assim recomendou, ficando com os dotes referentes à sua parte da riqueza da família. Ela, enclausurada em grande revolta, envenenou a caixa-d'água da casa das freiras em conluio com o velho jardineiro, que conseguiu o veneno com um comerciante caixeiro-viajante. Em três dias, todas as nove freiras do convento morreram "misteriosamente", com uma espuma branca saindo dos lábios. Ela conseguiu fugir e, para sobreviver, prostituiu-se. Em menos de cinco anos, desencarnou tomada pela sífilis e pela lepra em todo o corpo. Hoje é uma médium de cura sob a égide do Orixá Omulu, aquele que leva as doenças e as pestes para que a cura se instale. Tem sérias dificuldades para manter relacionamentos afetivos estáveis, após ter sido abandonada pelo noivo depois de nove anos de noivado: coincidentemente, um ano de espera para cada freira assassinada. Encontrou no exercício da mediunidade e das catarses com seu Orixá o alívio do Espírito. Já se encontra na meia-idade e ainda não se casou. Faz psicoterapia e tem muito medo de se relacionar, sentindo um aperto no peito como se fosse ser abandonada e presa por isso.

Quanto mais ostensiva for a mediunidade, mais exemplos podem ser tirados. Além disso, é importante lembrar que os médiuns com funções sacerdotais – chefes de terreiros, escritores, fundadores e dirigentes espirituais – são Espíritos altamente comprometidos e de encarnação provacional. Quanto maior a abrangência do mediunismo em que estão envoltos com os Orixás, mais humildade devem ter e mais devem se rebaixar perante as leis divinas, para não recaírem no orgulho e na vaidade, como fizeram outrora.

8
A vibração de OM – o Mantra Seminal

Urge assumirmos como verdade absoluta e inquestionável que Deus é a causa primária de todas as coisas tangíveis e intangíveis, que todos os fatos, desde os mais inexpressivos até os mais significantes, obedecem inexoravelmente à Sua vontade soberana e onipotente. Para compreendermos como Ele faz isso, como administra o Cosmo infinito, precisamos entender que Deus é energia e vibração; energia e vibração inteligentes. Dessa forma, Ele vibra constantemente, expressando sua vontade onipotente por meio de "ondas" que se propagam por toda a extensão infinita do Universo, regulando todos os fenômenos. Essas "ondas" ou vibrações emanam diretamente da divindade maior e são chamadas de vibrações originárias, ou vibrações básicas.

O Supremo Se manifesta na Criação como Vibração Cósmica. É possível percebermos essa manifestação na forma de *luz* ou *som*. O Som Cósmico, ou OM, é a síntese de todos os sons dos átomos, prótons, elétrons e das forças sutis etéreo-astrais-causais em todas as dimensões vibratórias, ou multiversos.

É etéreo porque tudo que é físico tem vibração com repercussão no éter. O éter é o princípio ou a essência cósmica, é o quinto elemento ou a quintessência de toda a natureza manifestada. É o substrato espiritual primordial mantido pelo verbo sagrado ou hálito divino, o mantra primevo e seminal, pois tudo deriva desse som. É aquele que pode se diferenciar sem deixar de ser diferenciado. Ao mesmo tempo é astral, um tipo de matéria hiperfísica que anima os planos mais sutis que a Terra – dimensões subjacentes à terceira dimensão. E finalmente é causal, pois é o substrato nutritivo do Plano Causal, onde as consciências que ali habitam são cocriadoras do Cosmo.

O OM é o símbolo máximo de Deus, que flui continuamente no éter e insemina tudo que é manifestado fora do útero divino. Os sábios iogues orientais, antigos rishis, o percebem como uma luz esbranquiçada, lembrando efetivamente um sêmen luminoso. Essa luz permeia tudo que existe em todas as dimensões e é a própria vibração do OM, infinita, o que corresponde a dizer que Deus comanda o Universo por meio de faixas dimensionais subjacentes entre si, que preenchem tudo o que existe, como gomos de uma laranja, levando sua vontade a todos os "mundos" do Cosmo, físicos, hiperfísicos e além, muito além do que possamos conceber. Assim, o som cósmico de OM é a vibração que opera nos planos físico, astral e causal.

Mesmo que não tenhamos conhecimento ou percepção consciente do OM, ninguém pode evitar a permanente comunhão com esse Mantra Sagrado, pois ele preenche a consciência, as fibras e os átomos de todos os seres. Quando a vibração do OM sai do corpo físico, o coração para de bater, e o último suspiro conduz o Espírito para o Plano Astral – a consciência se desloca do cérebro físico para o cérebro do corpo astral, como uma cabeça que se encaixa num "capacete", perfeito molde duplo de si mesmo. Assim, nuca morremos de fato, o que se desintegra e desaparece é o corpo físico, depois que esse veículo entra em fadiga e não consegue mais atender ao esforço evolutivo da consciência. Logo, morrer é regenerar o veículo da consciência no plano físico, tantas vezes quanto for necessário para que a consciência se expanda e se liberte do ego ilusório.

Os antigos árias – descendentes dos atlantes – chamavam essas vibrações originárias derivadas do OM de "Purusha", cujo significado mais apropriado é "Consciência Pura", que expressa a ideia de um princípio espiritual, transcendental absoluto, o que corresponde à "vontade de Deus". À medida que a ideia se transmitia de geração em geração, entre os africanos, o termo "Purusha" foi sofrendo corruptelas, até se transformar em Orixá, que em iorubá significa literalmente "guardião da cabeça", numa alusão à influência exercida por essas vibrações sobre o comportamento das pessoas.

Então, afirmamos que todos os Orixás derivam da vibração cósmica OM, que seria o próprio hálito divino, o sopro da vida de Oludumarê (Deus), que a tudo anima. Esse sopro se chama Èmí na língua iorubá. Cada Orixá tem um som e uma luz peculiares, ambos derivados de OM.

Os seres humanos são chamados a encarnar porque eles foram ordenados "para transmitir a bondade" para o mundo, adquirindo os atributos dos Orixás sob as ordens de Oludumarê. Em outras palavras, permanece a divindade no ser humano, mesmo que esteja imanifesta pelo fato de a personalidade transitória, isto é, o ego ilusório, momentaneamente ignorar sua real procedência espiritual. É possível divinizar a vida humana, assim como é possível inferir todos os elementos formadores do oceano contidos num balde de água do mar. Tornamo-nos divinos em nosso modo de ser quando alinhamos nosso pensar com o Purusha – Orixá – que habita dentro de cada um de nós.

Esse pequeno Deus é partícula diferenciada da vibração sonora original do OM e, ao mesmo tempo, é expansão plenária do Deus Supremo indiferenciado que habita em nós. Ele é pleno de atributos e poder de realização, sendo o "animador" da alma, similarmente ao galho da videira que sustenta o cacho de uva no pé.

Com a vibração sonora do Purusha – Orixá – interno, os chacras vibram distribuindo-a para todo o duplo etéreo e o corpo físico. O centro vibracional dessa onda divina está no meio da cabeça, na contraparte etérea da glândula pineal. Esse fluxo vibratório sobe até o chacra coronário, no alto da cabeça, e como potente usina de força esse chacra impulsiona para os demais chacras a força vitalizadora sonora. Assim, cada chacra tem um som peculiar ou Mantra Seminal.

Quando estamos em equilíbrio, alimentamos nosso chacra do coronário com prana (axé) ao respirarmos. Esse prana se distribui por todos os chacras e deles, como uma complexa rede de canos que descem de caixas-d'água, chegam às moléculas e células formadoras do corpo físico. Atentemos que esse prana é sonoro e, ao mesmo tempo, luminoso. É derivado do éter cósmico ou prana universal, que por sua vez é um desdobramento do mantra OM, o verbo divino em ação. Logicamente, estamos explicando da maneira mais simples e didática possível para o entendimento do leitor um tema que é velado de mistérios e de simbologia complexa, só acessível de entendimento em círculos fechados de iniciação, onde a instrução acontece entre discípulos e mestres.

Infelizmente, nossa agitada existência humana da atualidade mantém as mentes das criaturas aceleradas, a respiração intensa e curta, desarmonizando a captação de prana, bloqueando os chacras e daí advindo as doenças orgânicas. Obviamente, a qualidade da mente é fundamental para a harmonia interna e o equilíbrio energético da fisiologia oculta do homem, por isso não devemos reduzir as enfermidades a um processo meramente "mecânico". Nesse sentido, a ciência da ioga nos ensina como "alinhar" nosso ser ordinário do dia a dia à consciência de vigília, com o ser divino, a consciência extática ou transcendental. A primeira é mortal, ilusória e temporária, a segunda é imortal, real e definitiva. Ao encontrarmos e despertarmos o Purusha – orixá – em nós, naturalmente seremos saudáveis – corpos sãos e mente sã.

9
Orixás pessoais: o divino humanizado

Existem muitas religiões à disposição da humanidade que apresentam mitologia de divindades humanizadas: grega, egípcia, hindu, africanas (Religião Tradicional Iorubá com os Orixás, Bantu Congo e Angola com os Inquices, entre outras). Cada uma tem um panteão próprio, um conjunto de deuses organizados em lendas que sobreviveram, inicialmente, pela oralidade e, atualmente, se mantêm pelos registros escritos – etnográficos. Sem dúvida, houve o esforço dos Mestres Astralizados que regem as religiões terrenas de fazer com que os homens percebessem Deus dentro de suas capacidades de compreensão, de acordo com cada época da história.

Na Religião Tradicional Iorubá se encontra a origem dos Orixás que chegaram ao Brasil e se perpetuam até os dias atuais no imaginário popular. Por outro lado, encontramos conceitos de gênese divina e cosmológicos que estruturam a cosmovisão iorubana nas tradições védicas – Purusha – mais antigas no planeta. Longe de suas terras de origem e separados de suas famílias, os negros escravos mantiveram na fé a única maneira de sobreviver diante da ignomínia e dos maus-tratos que receberam. No interior das senzalas insípidas, entre amores, traições, assassinatos e contendas, preservaram as histórias ancestrais, suas lendas e seus mitos, que personificam os Orixás como homens e mulheres.

Por meio das figuras humanas e historietas romanceadas mantidas pela oralidade, de geração a geração, foram preservados o conhecimento e a sabedoria das essências ou fatores divinos da sua cosmogonia religiosa, antropomórficos (personalizados) de cada Orixá (fator divino). Assim, até hoje eles são interpretados como humanos com poderes sobrenaturais para exercerem o domínio sobre um reino da natureza. Pela representação simbólica de seus aspectos comportamentais, com atributos de divindade materializados numa personalidade, aproxima-se o intangível sacralizado do tangível profano. O sagrado passou a fazer parte da manifestação das Almas encarnadas, em que o próprio corpo é o receptáculo, por meio do transe ritualístico.

Os Orixás são vistos como antropomorfos (humanizados) até os dias atuais. Esse recurso didático adotado pela psicologia sideral foi e ainda é necessário, pois os homens em geral só veem, escutam e sentem até onde os seus sentidos físicos permitem ver, escutar e sentir. Como é difícil perceber a espiritualidade em seus níveis impessoais, intangíveis e subjetivos à mente comum, foi necessário fazer entender as essências divinas mantenedoras da vida (Orixás) no mundo concreto dos níveis vibratórios físicos, preservando esse didatismo desde as percepções tribais de antigamente até os devotos sensitivos modernos, que extrapolam a oralidade lendo, escrevendo e praticando uma *orixalidade universalizada* e fora dos templos. Logo, o mito humanizado serve tão somente para o entendimento do senso comum vigente. Todavia, os Orixás têm ligação com os seres humanos pelo tipo predominante de energia formada pelo ciclo de reencarnações sucessivas. É o que denominamos de "memória genética espiritual", que fica registrada no corpo astral (perispírito) e não se desfaz entre as encarnações. Assim, cada vez que um Espírito renasce no corpo físico, determinados atributos e predisposições psicológicas se sobressairão ou serão refreadas sob a influência de um determinado Orixá. É formada uma estreita ligação cármica com essas energias, que popularmente é entendido como "orixá de cabeça".

Há que se realçar que a relação pessoal com Deus como Orixá ou acomodada a uma outra cultura específica, criada baseando-se em nomes e formas que lhes são peculiares, em determinados contextos sociais e étnicos históricos, tão somente demonstra um dinamismo próprio e natural ao ser humano – compreender o sentido profundo de sua existência. Não deveriam as diferenças entre uma e outra forma devocional servir de motivação e ferramenta para separação, guerras e subjugação religiosa que almejam apenas explorar o outro, aculturando sua fé.

Independentemente do panteão religioso ao qual nos vinculemos, importa a Deus se a nossa devoção é genuína, honesta e respeitosa. Especialmente, interessa mais à Consciência Suprema se estamos melhorando internamente em caráter e menos como A cultuamos. Vale muito mais o esforço de transformação ao caminharmos por uma determinada religião e as ações que empreendermos a partir dessa verticalização interior com o nome e a forma de Deus cultuado, notadamente se absorvermos as virtudes que cada uma nos oferta, do que necessariamente em si o formalismo religioso preponderante.

As narrativas míticas não descrevem os Orixás como "santos" perfeitos. Ao contrário, se aproximam das mentes comuns, presas nas preocupações comezinhas do dia a dia, com vistas a educá-las. Há um reflexo com o cotidiano das pessoas no fato de os Orixás humanos possuírem atributos psicológicos e comportamentais negativos e positivos, semelhantes aos delas, diminuindo a distância entre os "deuses" e os reles mortais. Isso demonstra que devemos procurar um equilíbrio nas nossas ações e em nossos pensamentos. Tudo que é excessivo na existência humana, seja no lado psicológico negativo ou no positivo, não denota um saudável equilíbrio espiritual. Negativo não quer dizer ruim ou do mal, assim como positivo não significa, necessariamente, coisa boa. A eletricidade é positiva, pois ilumina, mas se os fios condutores estiverem desencapados, será negativa, podendo causar um incêndio. Certos esportistas precisam da raiva para ter a força que os motiva na competição, sentimento que é dispensável no clérigo paroquial durante a eucaristia dominical. Semelhantemente à cicuta que mata e também cura, a humildade e a tolerância, qualidades positivas, se em excesso podem se tornar negativas, transformando-se em subserviência e omissão.

A fé cega vigente em uma significativa parcela do imaginário popular se sustenta pela exploração intencional de um lado punitivo dos

Orixás, que exigem sacrifícios num sistema de troca por benefícios, por similitude, próximo às leis do Antigo Testamento, como acontece nas religiões neopentecostais, que crescem assustadoramente. Vejamos que existe reflexo, como num espelho, entre os que perseguem os cultos aos Orixás e os perseguidos, sendo que os perseguidores, para perseguirem, têm de reconhecer a existência do objeto de perseguição e depois negá-lo. É uma semelhança às avessas. É fruto da insânia chamada de "fé cega e inquestionável", que ocasiona interpretações estreitas e literais de apego a um deus, ou deuses, punitivos e às tradições bíblicas mosaicas.

As "versões cristãs" modernas, montadas como circos de gladiadores, fazem com que seus crentes se tornem fanáticos. A imensa maioria dessas pessoas vive na tortura da pobreza, na escuridão da mente estreita e da fé irracional, que as leva a ter medo do demônio e a se escravizar para agradar a Deus, bajulando-O e praticando barganhas. Existe forte atração reversa (mesmo que nos cultos aos Orixás não exista a exploração da culpa, como acontece nas religiões judaico-cristãs fanáticas) nos sacrifícios pessoais e de animais para manter-se o agrado ao Orixá, atração interminável diante do medo da punição. São pactos estabelecidos até a morte. Infelizmente, ainda é impossível acabar com a servidão que faz subjugar os devotos às normas e hierarquias da classe sacerdotal dominante, tornando os líderes religiosos mais importantes e indispensáveis, para que o Orixá se faça presente no filho de fé do que o próprio "deus" cultuado, assim como o pastor evangélico o é para que os fiéis recebam o Espírito Santo.

Mesmo considerando que devemos respeitar todas as crenças, é necessário tirar das religiões, dos cultos e das doutrinas o privilégio acrítico e de infalibilidade, pois nenhuma manifestação humana e espiritual está livre de críticas e falhas, seja no campo mediúnico, conceitual, doutrinário ou de costumes rituais. Aqueles que temem ser criticados são os que objetivam dominar as massas, seja um pequeno grupo, uma confraria ou uma igreja, como só acontece, na atualidade das religiões, com alguns líderes autointitulados infalíveis por uma pseudoação divina. Os que aceitam o silêncio subserviente em nome dos segredos, da tradição, do ganho ou do medo da punição infernal alimentam a escravidão religiosa que ainda viceja em muitos cultos, doutrinas e religiões na face do orbe.

Independentemente da vivência de cada alma, inegavelmente, Deus está conosco em todos os nossos caminhos. Fazer parte de nós a cada instante de nossas existências não significa isenção das responsabilidades que Ele nos revestiu. Não é possível o crescimento da consciência sem compromisso e sem obras realizadas. Observe que os peixes habitam gratuitamente os mares e são livres para se movimentarem. Contudo, devem nadar por si. Os vegetais não pagam impostos ao Grande Arquiteto pelo solo que ocupam. Todavia, devem produzir hortaliças, flores e frutos conforme a espécie. Em toda a natureza, não há nada que receba talentos para se esconder em passividade e nada produzir. Mesmo as estrelas longínquas encantam os céus à noite, parecendo vaga-lumes. Fomos criados para realizar o melhor. As dúvidas e os embaraços são naturais no movimento evolutivo. Se a presença de Deus ainda não nos sacode o íntimo pela fé, observemos que tudo que nos cerca é uma imensidão de bênçãos sem que façamos o mínimo esforço. Não pagamos eletricistas para a manutenção da luz do Sol nem mineiros para escavar o ar que nos infla os pulmões.

Colocando à luz da intuição discernidora as riquezas ilimitadas ao nosso dispor no Cosmo imensurável, compreenderemos a magnitude da inteligência que tudo vê. Assim, fortaleçamos a fé que ora bambeia. Confiemos e realizemos para o bem, com a convicção interna (vontade) de que estamos fazendo a nossa parte, e tudo o mais virá por acréscimo divino.

Afirmamos com muita tranquilidade que a relação com o Purusha – Orixá – é direta, sem necessidade de intermediários, seja na experiência de um nome e forma pessoal de Deus ou impessoal. Importam somente as virtudes que estamos absorvendo em nosso sincero e honesto ato de fé devocional. É nosso direito intransferível termos uma relação direta com Deus. Tente, e você verificará que é altamente transformadora. É isso que buscamos demonstrar conceitualmente e nas práticas sugeridas neste singelo livro.

10
Orixás impessoais: sons e luzes criadoras

Não é comum a relação dos devotos com um Deus impessoal. Prepondera nas diversas tradições vigentes a dualidade – eu cultuo um Deus personificado –, conforme abordamos no capítulo anterior. Como temos grande identificação com o mundo fenomenal das formas transitórias e, consequentemente, com o corpo físico, é natural nossa dificuldade de nos relacionar com um objeto sagrado que seja abstrato, ou seja, sem forma definida, não humano.

No entanto, sabemos que o Supremo em essência é impessoal, sem vibração manifestada, embora em si contenha todas as vibrações que existem, manifestadas ou não. Esse Deus onipotente é também onipresente e onisciente. É onipotente por ser pleno de poderes de realização divina; é onipresente pois está presente em tudo no infinito Cosmo, da bactéria ao arcanjo; e é onisciente, pois tem consciência de nossos mínimos pensamentos e ideações, assim como qualquer brisa movimenta as folhas de uma amoreira. Esse ser único, perfeito, inigualável, germinador, fertilizador e mantenedor da vida em todas as latitudes cósmicas não é distante de cada um de nós. Ao contrário, é muito próximo, e a dificuldade de percebê-lo é nossa. Afinal, se manifesta em qualquer nome e forma que o devoto seja simpático e canalize sua devoção – tanto faz para Deus como ele é idealizado numa forma, o que importa é o coração sincero de quem o cultua – e atende nossos anseios proporcionalmente ao estado de consciência que temos. Por outro lado, é percebido na forma de luz, impessoal, carregando consciência luminosa, podendo se comunicar com seus devotos em estados profundos de meditação supraconsciente.

Existem diversos relatos de santos que viram e sentiram essa Luz Divina, por meio de experiências diretas. Santa Teresa d'Ávila, por exemplo, falava sem intermediários com Jesus em forma de Luz e dizia que nossa alma é um pequeno Sol luminoso em nossos corações. Há muitas histórias de profetas, sábios e mestres que falavam diretamente com Deus em forma de Luz.

É possível termos uma habitual prática espiritual individual, todavia cultuando os Orixás na forma de Luz impessoal. Isso não quer dizer que tenhamos que tirar as imagens dos Orixás – objetos concretos de culto – de nossos altares pessoais, pois uma coisa não exclui a outra. Quando falamos em imagens de Orixás entenda-se também imagens sincretizadas, de santos de outras tradições, notadamente do catolicismo, tão pujantes na cultura religiosa devocional do brasileiro.

Especificamente em relação aos Orixás, cada um se manifesta numa cor luminosa. Naturalmente, com a regularidade de sua prática meditativa, o devoto começa a perceber que por detrás da forma da divindade existe Luz. Ou melhor, é a Luz que estrutura e dá forma às divindades de todos os panteões. Em verdade, a Luz Divina é a substância primeva formadora de tudo que existe.

Quanto às divindades – Orixás –, cada espectro da Luz Divina manifestado numa cor específica carrega poderes de realização que podem e devem ser percebidos conscientemente como atributos divinos e que se expressam no ser humano como virtudes, se interiorizados: amor, compaixão, justiça, vontade etc. Em capítulo posterior, dissertaremos sobre o empoderamento com essas características ou predisposições psicológicas absorvidas na Luz por intermédio da meditação profunda. É importante ressaltar que "empoderamento", nesse contexto, não significa tornar-se poderoso ou angariar poder para controlar e dominar as forças divinas. Toda vez que buscamos poder, nosso ego se fortalece e caímos na terrível armadilha da impermanência da satisfação dos desejos, sempre sequiosos por possuir, dominar e se impor ao outro.

Empoderamento é consequência do caráter elevado do devoto, de sua sinceridade e desinteresse de benefícios pessoais. Decorre do colocar-se humildemente de "joelhos e curvado" aos "pés" da divindade para o serviço a outros seres humanos. Absorver e reter as aptidões psíquicas que os Orixás nos fazem sentir por meio de experiências diretas luminosas e supraconscientes são os nossos principais deveres de casa, por mais que os poderes sobre as forças e os elementos da natureza nos atraiam, estabelecendo a batalha interior Eu x Ego. Conscientizemo-nos que somos repetentes, velhos derrotados na "escola do Espírito", tendo a oportunidade de cursar novamente a cátedra de espiritualidade na Terra com os sagrados Orixás para sairmos vitoriosos.

Nossa compreensão de Deus impessoal é que existe uma unidade que preenche todo o Universo. Essa unidade não significa perda da individualidade consciente. Não é uma unidade sem nada, como o vazio do budismo Mahayana. Não é apenas o "vácuo". É o paradoxo de um vazio totalmente cheio. É vazio de percepções do ego e dos sentidos ordinários que dominam a mente, sendo preenchido de diversidades de consciências que habitam a Luz Divina em todas as latitudes do Cosmo quando estamos em estado supraconsciente, estabilizados na consciência atômica ou do Espírito (Alma). Não devemos ter medo de nos desapegar dos sentidos e soltar as coisas do mundo para, gradativamente, entrarmos nessa Luz.

Quando a mente treinada está em meditação profunda, a consciência se expande além das imagens, dos conceitos tridimensionais, do intelecto analítico e das sensações corpóreas fugazes até a Luz Solar no alto do coronário, a essência imutável da Alma que vibra com o Purusha, sem tempo e sem ocupar espaço para simplesmente Ser. Essa experiência está expressa nas tradições iogues fidedignas do Oriente e pode ser alcançada pelo praticante, basta ele se permitir ter essa relação direta com Deus, sem intermediários.

O tempo do Orixá não existe como percebemos na Terra. Ao entrarmos na consciência de nosso ser divino – Purusha –, estamos num eterno presente. Mesmo que por enquanto não nos lembremos de nossas memórias registradas no subconsciente, nesse estado de "instase" (êxtase para dentro), somos plenitude e tudo sabemos. Não existe passado ou futuro, simplesmente somos agora. Todo o potencial de nosso Espírito se expressa na consciência, que está liberada dos veículos inferiores (físico, etérico e astral) para se manifestar em "corpos" superiores (búdico e átmico).

Nessa faixa de luz, como peixes brilhantes que navegam num oceano luminoso, estamos integrados com a Consciência do Supremo: não envelhecemos, não adoecemos, não temos fome, sede ou frio, não sentimos cansaço e não precisamos dormir ou fazer a higiene do frágil corpo que se "suja" com seu próprio metabolismo e dejetos produzidos dele. Essa é a nossa morada definitiva, nosso Eu verdadeiro, livre dos personalismos das reencarnações sucessivas, vitorioso diante do ego e do mundo de impermanência. Ao adentrarmos o portal do "paraíso", finalmente livres dos planos cármicos gerados pela Lei de Causa e Efeito, começamos de fato a agir plenamente na Lei do Dharma (Religião Eterna), construindo ações sem reações aprisionantes, junto à Grande Fraternidade Universal que navega na Luz Divina. Finalmente, alcançamos a unidade na diversidade, em "corpos" perenes de luz, eternos, saudáveis e jovens para sermos cocriadores cósmicos juntos com as luzes dos Orixás.

11
Os preceitos e as observâncias que espiritualizam o ego e libertam das aflições

Existem preceitos que são diretrizes iniciais, regras fundamentais, para todo aquele que almeja a comunhão divina. Ensinamentos milenares da Religião Eterna contidos nas tradições do Oriente (Sanatana Dharma), independentemente da prática religiosa individual escolhida, são um guia espiritual para a sabedoria e iluminação interior, um conjunto de valores éticos e comportamentais que estruturam a jornada pessoal rumo à plenitude. São condutas íntimas que devem reger um praticante em seu cotidiano, que exigem esforço contínuo até que se tornem qualidades naturais da personalidade, atributos irmanados da Alma que espiritualizam o ego.

É indispensável no processo de espiritualização da consciência aprendermos a reconhecer, restringir e controlar algumas atividades mentais e alguns impulsos psicológicos, sem os quais não teremos um comportamento adequado ao caráter elevado, não violento, verdadeiro e altruísta. Certas virtudes interiorizadas devem necessariamente desenvolver bons hábitos e uma personalidade integrada com a Alma/Ori/Orixá, infundindo aspiração espiritual e acelerando a remoção das cinco causas principais das aflições, segundo a tradição clássica da ioga indiana: ignorância, egoísmo, apegos, aversões e medo da morte.

Assim, esses preceitos, que explicaremos a seguir, proporcionam um potente método para alcançarmos a realização interior, limpando, progressivamente, comportamentos equivocados e crenças limitantes que impedem o indivíduo de atingir níveis expandidos de consciência e daí auferir percepção divina do Purusha – Orixá. Nessa lógica, é indispensável conquistar a mestria da mente, adquirindo equanimidade entre pensar, sentir, falar e agir. Esse equilíbrio deve estar de acordo com valores que não gerem sofrimento ao indivíduo nem àqueles que estão ao seu redor.

Para que possamos minimizar a ação negativa do ego, que é dominado pela mente sensória em busca da saciedade dos mais diversos desejos, sejam eles físicos ou psíquicos, segundo os ensinamentos milenares da religião eterna contidos nas tradições do Oriente, devemos estar em harmonia com esses preceitos. Para tanto, nossas condutas devem estar orientadas às observâncias preceituadas, minimizando assim conflitos que surgem durante a meditação e que levam à dispersão da mente, impossibilitando, desse modo, o acesso a estados superiores de consciência.

Nossos ancestrais deixaram-nos uma fonte cristalina de sabedoria, que tentaremos retransmitir numa linguagem simples e franca, sem o excesso de simbolismos e segredos, eletivos somente aos círculos de iniciados. Esses preceitos não atravessaram milênios transmitidos de boca a orelha à toa. É preciso fortaleza interior para resistir a guerras, pandemias, catástrofes, aos modismos que destroem tradições e aos avanços tecnológicos que robotizam o ser humano. Experimente trazer para a sua vida diária a paz e a serenidade que as condutas destes *dez preceitos e observâncias* a serem descritos sugerem e o quanto desobstruem a sintonia com a sua Alma, sua divindade interior, seu Purusha, verdadeiras "chaves de libertação" das aflições e que assim espiritualizam o ego.

Não violência

A não violência é a primeira "chave de libertação" das aflições, pois sem essa observância as demais perdem o sentido. Não violência não somente para o outro, mas para si mesmo. Respeitar o outro como gostaríamos de ser respeitados. Matar um animal num rito religioso é uma forma de violência, facilmente compreendido por aquele que se espiritualiza e desenvolve amor incondicional. No entanto, nada adianta criticarmos quem o faz por fé em nome de uma tradição e no almoço nos satisfazermos com um bife malpassado. A não violência se completa com a verdade – o próximo preceito.

Nossa força interna e nosso caráter sustentam a capacidade de sermos pacíficos e de não termos medo, pois o medo é um dos fatores que mais predispõem a violência. Cometemos o maior ato de violência contra nossa Alma quando temos medo de buscar nosso autoconhecimento, de olhar para dentro de nós e abraçar nossos defeitos. É mais fácil apontar as imperfeições alheias e criticar os outros. Para vencermos as atitudes de violência, portanto, devemos superar o medo e reconhecer nosso lado sombra. Isso é a pá de terra inicial que devemos cavar na busca da conexão com a nossa divindade interior.

É fácil para aquele que não olha para si mesmo enxergar o outro e querer corrigir suas atitudes. A não violência exige que confiemos na capacidade do outro de encontrar as respostas adequadas para os seus problemas. A violência pode ser cometida em nome de uma falsa caridade assistencial, quando impomos ao outro a nossa visão de mundo, não o deixando livre para o esforço pessoal de atender suas próprias necessidades, para ser quem é e para enfrentar seus desafios como ele preferir.

Um macaco pulou no rio e pegou um peixe, o levando para cima da árvore. Obviamente o peixe morreu, e o macaco pensou: "só queria ajudar, pois ele estava se afogando". Muitas vezes, agimos como o "macaco", sufocando as pessoas que temos a pretensão de ajudar, notadamente no convívio familiar – o pretenso controle para o bem de todos. Isso não quer dizer que não devamos ser solidários sempre que possível. Solidariedade, porém, é levar o cavalo até a beira do rio para que ele sacie sua sede, sem violentá-lo forçando-o a tomar a água. Tente fazer isso e você constatará que é impossível.

Concluímos este tópico refletindo que ninguém ajuda ninguém se o indivíduo não ajudar a si mesmo por sua vontade. Ao respeitar a individualidade do outro, praticamos a não violência.

Prática sugerida

Sem julgar a si mesmo e aos outros, calmamente observe suas ações e sentimentos em seus relacionamentos. Observe os resultados e se pergunte: "estou sendo controlador? Confio na capacidade de escolha dos outros ou tento impor a minha vontade? Habitualmente, sou crítico e tenho dificuldade de reconhecer meus defeitos? Consigo olhar minhas fraquezas sem baixar minha estima pessoal?" Tome nota de suas conclusões e reflita!

Verdade

A segunda "chave de libertação" das aflições é irmã direta da não violência: a verdade. Temos que praticar a nossa verdade sem violentar a verdade do outro. Temos o hábito de não olhar para os nossos defeitos e exaltar as imperfeições dos outros, como se as nossas escolhas fossem melhores e mais verdadeiras. No espaço religioso, é algo comum e secular a intolerância, que é uma forma de violência que visa à negação de uma religião em prejuízo de outra, uma vez que o intolerante impõe ao adepto de outra confissão seus dogmas e tabus como verdades absolutas, não respeitando a crença alheia.

No campo espiritual mediúnico, faltamos com a verdade quando fingimos ser o que não somos. Aparentar ser um médium inconsciente, dizer que teve esta ou aquela visão para impressionar o atendido, aumentando as causas de seu desequilíbrio, cobrar etc. São muitas as inverdades no mediunismo.

E mesmo que estejamos com a verdade ao nosso lado, se não é para o bem comum coletivo, não temos o direito de ferir o indivíduo "esbofeteando-o" com a pretensão de apontar-lhe verdade sobre as suas atitudes e seus comportamentos impróprios. No mais das vezes, nossas aversões aos outros sinalizam uma projeção de nossas imperfeições, um efeito espelho que temos que reconhecer e assumir. Nada nos dá o direito de ser violentos impondo "verdades", não somente no aspecto físico, mas especialmente no sentido psicológico, causando aflição e tormento àqueles que, mesmo que forem inferiores em caráter, convivem conosco em sociedade.

Se conseguirmos verdadeiramente entrar em comunhão com Deus, seremos naturalmente um epicentro de transformação dos outros, sem violência, e sim com a expressão de uma consciência que reflete a interiorização das virtudes divinas do Purusha que habita nossa Alma.

Prática sugerida

Reflita sobre seu puro estado de ser, este ser luminoso, silencioso, tranquilo e bem-aventurado, sem interferências de quaisquer verdades: "quem impõe verdades é a Alma ou o ego? Sou capaz de dar sem esperar nada em troca ou defendo-me e torno-me reativo quando não atendido em minhas expectativas? Sou capaz de olhar os fatos de minha vida com total imparcialidade sem impor as minhas 'verdades'? Estou verdadeiramente disposto a ver o que realmente acontece e ir em frente, ao invés do que eu ego gostaria de ver?"

Não roubar

A terceira "chave de libertação" das aflições não se refere somente a não roubar um objeto físico de outro. Nossa tendência natural de buscar a satisfação no exterior, rotineiramente "escapando" de olhar para dentro de nós, nos rouba a possibilidade de amadurecimento emocional, nos impede de crescer espiritualmente e nos bloqueia o alinhamento com a "riqueza" interior, o potencial de nossa Alma, impedindo-nos de aflorar no mesmo fluxo da abundância cósmica.

Também roubamos dos outros suas emoções, manipulamos para ter controle e poder, por vezes não deixando que aqueles que estão em nosso raio de ação psíquica cresçam. Personalidades narcisistas, egocentradas e dominantes roubam o crescimento anímico emocional dos outros, mantendo-os submissos às suas vontades e aos seus jogos de poder pessoal.

Prática sugerida

Pergunte-se: "sou capaz de permanecer como aquele que vê com imparcialidade? Estou disposto a me soltar e a deixar que tudo siga seu fluxo? Reconheço meus pensamentos e emoções com amorosidade ou tento ser o controlador dos outros para que ajam conforme esses mesmos pensamentos e emoções? Consigo desapegar sem medo de aprovação do outro?"

Castidade

A castidade é a quarta "chave de libertação" das aflições e, literalmente, significa mover-se com aspiração para o Supremo – Absoluto ou Deus. Muitos apregoam que castidade é tão somente celibato – não manter relações sexuais –, o que discordamos, pois o conceito é bem mais amplo. Nem todos estão preparados para que a vitalidade energética gerada pelo chacra básico seja canalizada verticalmente e flua subindo a coluna vertebral. Isso depende do estado de consciência que se conquistou, e forçar esse processo de ascensão pode ocasionar graves distúrbios psicológicos. Sempre que reprimimos um sentido, violentamos nossa própria natureza.

Por outro lado, entendemos por castidade o ato de equilibrar as exigências sensuais. Isso quer dizer diminuir a dependência da satisfação dos desejos pelos sentidos para se auferir felicidade. Exige bom senso e razoabilidade de uma postura espiritual madura, impondo-se à "vontade" do prazer de ser atendido, exigência da mente sensória viciada que antecipa os gozos efêmeros. Mesmo se não estivermos numa relação afetiva de compromisso, imiscuir-se com parceiros ocasionais em uma sexualidade que objetiva meramente o prazer imediato ocasiona um enfraquecimento na disciplina dos sentidos, consequentemente da castidade.

Ser casto é ter a mestria sobre a mente sensória e conseguir impor limites sempre que necessário, não somente no campo sensual (ver, ouvir, cheirar, sentir, gozar etc.), mas também no amplo espectro das emoções negativas, sempre que despertadas quando associadas a pensamentos que rompem nossa vigilância. Castidade é conseguir se manter "puro" da influência de ódio, inveja, ciúme, vaidade, melindres etc.

Em verdade, castidade é de suma importância para que tenhamos uma mente atenta, serena e pacificada, livre das algemas das inquietações dos desejos sensórios, portanto não identificada com as oscilações do gostar e do não gostar – equanimidade mental indispensável para que consigamos voos mais altos na percepção supraconsciente da Alma/Ori/Purusha.

Prática sugerida

Questione-se: "sou capaz de estabelecer limites aos meus desejos sem reprimir artificialmente a natureza dos sentidos? Sinto-me com frequência inquieto e me acalmo comendo, bebendo, vendo filmes ou fazendo compras? Quais são as atitudes de escape, autossabotagem e mascaramento que não tenho coragem de me desafazer porque me dão prazer? Quanto tempo dura a satisfação alcançada? Tenho estabilidade em minha paz interior?"

Desapego

A quinta "chave de libertação" das aflições é o desapego. Trata-se não somente do desapego aos objetos e às coisas materiais, mas, sobretudo, ao desapego dos fatores subjetivos que a posse desses objetos e coisas simbolizam e significam na mente. Ser desapegado necessariamente não quer dizer que tenhamos que nos desfazer do que "possuímos". Acima de tudo, desapegar é liberar a mente da necessidade de o ego ser reconhecido pelo que pretensamente possui. De fato, nada possuímos, pois tudo é impermanente.

Ao condicionarmos nossa felicidade à percepção de que os objetos materiais nos fazem felizes, caímos numa armadilha que vai, contrariamente ao que desejamos, nos levar à infelicidade. Ao desapegamos de fama, reconhecimento, poder, *status* etc., passamos a ter mais paz interior, caminhamos com mais serenidade no mundo, percebendo que a necessidade de possuir coisas é uma ilusão quando elas nos possuem e comandam nossas escolhas.

Outro ponto confuso é associar desapego com desamor, notadamente no círculo familiar. Temos que aprender a desapegar da opinião de nossos parentes e não esperarmos aprovação destes para estarmos felizes, o que não significa que deixamos de amá-los ou que estejamos abandonando-os. Trazemos certos padrões limitantes, crenças e julgamentos no subconsciente que estão relacionados aos valores de nossos antepassados e genitores que, geralmente, estagnam nossa evolução. Isso não quer dizer que não tenhamos virtudes absorvidas deles em nosso modo de pensar e ser.

Perceber o que temos de desapegar em nós e nos liberar para o fluxo divino da Alma, na maioria das vezes, exigem que entremos em conflito com a opinião vigente dos parentes. Somente discernindo nosso real propósito de vida, sem os entraves desses bloqueios subconscientes, nos oportunizaremos o progresso pessoal e o alinhamento com nossa potencialidade divina interna.

Prática sugerida

Pense: "estou disposto a me desapegar da opinião dos outros? Sinto-me abandonado quando sou desaprovado? Os bens que possuo são ferramentas de compensação de minhas carências? Tenho força de vontade para me despossuir de tudo que é externo e assim me empoderar (capacitar) internamente? O que levarei desta vida? O que está dentro de mim ou o que pretensamente penso possuir fora?"

***

Se conseguirmos interiorizar essas primeiras cinco "chaves de libertação" das aflições, iniciaremos o treinamento disciplinar do ego, espiritualizando-o e, ao mesmo tempo, treinando a mente para mergulhos mais profundos rumo à conexão com o Purusha/Orixá que habita em nós.

Nas próximas cinco chaves, entraremos em um domínio mais sutil de interioridade que passa a ser um banquete espiritual que saciará nossa sede e fome de Espírito. Os princípios, ou preceitos, e as observâncias descritos a seguir são virtudes que todo buscador deve necessariamente desenvolver para formar bons hábitos e solidificar uma personalidade (ego) integrada com a Alma ou Purusha/Orixá.

Esse processo de interiorização refletida e meditada infundirá aspiração espiritual e acelerará a remoção definitiva das causas das aflições: ignorância de nossa verdadeira identidade, egoísmo, apegos, aversões e medo de morrer. O conjunto das dez "chaves de libertação" das aflições refletem a solidez da ética da tradição clássica da ioga indiana em valorizar o amor e a consciência humanitária em detrimento do autoengrandecimento ou egolatria.

***

Pureza

Pureza, a sexta "chave de libertação" das aflições, significa manter os corpos energéticos livres de vibrações ruins e, principalmente, mestria sob a mente, atraindo amor, fraternidade, compaixão, bondade e mansidão do infinito manancial cósmico divino – o "poço" da Alma que está dentro de cada um de nós. A pureza é alcançada pela prática constante das cinco anteriores "chaves de libertação" e é um efeito sinérgico delas.

Assim surge a luz da sabedoria, que clareia a sombra da personalidade, como o Sol que rompe a noite escura, conduzindo ao discernimento discriminativo, que é a voz da intuição que nos diz o que é certo ou errado em nossas escolhas. Finalmente, o canal interno de conexão com a Alma está livre e claro, sem o ruído da influência das aflições. Somente dessa maneira podemos adquirir pureza para escutar com limpidez a voz da Alma/Purusha. Além disso, ao conquistarmos um estado mental sem medo, sem apegos ou aversões, a personalidade (ego) se espiritualiza e ganha alegria sempre nova, concentração firme, domínio sobre os desejos e força diante dos apelos dos sentidos.

Após muitos renascimentos carnais, nasce o lampejo de aspiração genuína que alimenta a aptidão por autorrealização espiritual. A consolidação da pureza da mente pelo enraizamento no psiquismo de hábitos benevolentes, como solidariedade, amor e compaixão, faz uma profunda reforma íntima no indivíduo. Esse estado mental é uma alavanca para as próximas "chaves de libertação". A partir desse estado de consciência, instala-se o desinteresse pelas coisas materiais efêmeras e se consolida a busca por respostas perenes, por intermédio de devoção, prática constante e serviço a Deus no semelhante. Independentemente de religião, a espiritualidade do adepto busca o *religare*.

Prática sugerida

Sempre que você estiver sobre pressão, não tome decisão apressada. Procure silenciar em meditação profunda e permita que a voz da intuição se faça "ouvir". Limpe sua mente de medos, apegos e aversões e perceberá que, sem ruído mental das aflições, você consegue escutar a Alma, que lhe "dirá" como agir.

Contentamento

Contentamento é a sétima "chave de libertação" das aflições. Ao aprendermos que não controlamos a vida, passamos a não interferir no fluxo ou na Graça Divina contido "nas coisas como elas são", e assim o contentamento se fortalece em nós como "quietude" da mente que não mais se identifica com as oscilações das ondas emocionais geradas pelos apegos e pelas aversões. Contentamento é a carta de alforria interna que consolida a equanimidade, como seguro mastro de um navio que não vira com as tempestades do mar. Essa sólida equanimidade interior não busca com entusiasmo exagerado os prazeres do mundo e se satisfaz com o que obtém do trabalho honesto, todavia sem tornar-se acomodada ou preguiçosa.

Esse equilíbrio com a Alma jorra no modo de ser do indivíduo e implica harmonia, deleite em si mesmo (conexão perene com o Purusha) e amor altruísta, e o ente não se perturba pelas dificuldades ao seu redor. É uma janela aberta que deixa a luz entrar. É uma virtude ética, em que o contentamento e a alegria indizíveis são compartilhados com os outros. A partir de então, como criança alegre no pátio de casa que espera os amigos para dividir os brinquedos com todos, o contentamento está em compartilhar, e não necessariamente na brincadeira. O importante é ver o que há de melhor nos outros, e não mais seus defeitos nos jogos da vida.

Prática sugerida

Compartilhe seu contentamento e sua alegria com os outros, mas não o descontentamento. Pratique ver o melhor nos outros, e não as suas falhas.

Austeridade

A oitava "chave de libertação" das aflições, objetivamente, consiste em autossuperação voluntária: qualquer prática intensa e prolongada para a autorrealização que envolva superação de hábitos indesejáveis, padrões emocionais recorrentes e crenças limitantes, aumentando assim a resistência do corpo, das emoções e da mente.

Um hábito indesejável, por exemplo, pode estar relacionado ao uso de bebida alcóolica e/ou cigarro, ou mentir para beber e/ou fumar escondido. Uma prática de austeridade é ir a eventos sociais obrigatórios, como festividades familiares ocasionais, e não ceder ao desejo de beber e/ou fumar. Para isso há que se reconhecer as emoções envolvidas e quais os pensamentos que a mente libera no processo. Pergunte-se: "sinto-me inseguro e busco inclusão no grupo? Quais sensações a bebida e o fumo me dão e quais os motivos que me levam a buscá-las? O que estou compensando com esses objetos dos sentidos que não encontro em mim? A quem eu engano quando minto, bebo e/ou fumo escondido?"

A austeridade exige uma crescente força de vontade para se opor aos desejos e baseia-se em colocar-se em "teste de fogo" para fortalecer a mente, o emocional e o corpo. Diariamente, pequenas situações nos impõem a necessidade de termos disciplina e praticarmos a austeridade: levantar-se cedo em dia frio para meditar, não se irritar com o som do vizinho, não ter ciúme do sucesso do colega de trabalho etc.

Conviver pacientemente com as adversidades da vida, com seus altos e baixos, e ter a mesma postura diante do sucesso e do fracasso, da fama e da infâmia, quando perde e ganha, quando tem muito ou pouco dinheiro, exigem equilíbrio íntimo e requerem um alto nível de austeridade com si mesmo. Obviamente, isso não significa rigidez, mas, acima de tudo, bom senso.

Prática sugerida

Reflita que o que os outros consideram austeridade pode ser para você simplesmente um estilo de vida. Para o carnívoro tornar-se vegetariano se impõe a prática de firme austeridade para se abandonar o hábito de comer carne, mas para quem é vegetariano isso não ocorre. A austeridade se transforma num modo de ser. Qual o estilo e modo de vida você quer? Defina isso e adote as austeridades necessárias para que novos hábitos se enraízem em sua mente e os velhos sejam definitivamente podados.

Autoestudo

Autoestudo é a nona e penúltima "chave de libertação" das aflições. Não se trata do estudo de textos sagrados, e sim, fundamentalmente, da observação do próprio comportamento e da psicodinâmica da mente. As orientações recebidas por meio da leitura das escrituras, ou diretamente pela oralidade diante de um preceptor espiritual, devem ser meditadas para serem interiorizadas. Conquistar a mestria sobre si mesmo é, talvez, o maior desafio de todos nós. Manter a testemunha desperta, sendo fiel observador dos pensamentos e das emoções, é um "troféu" alcançado após muito treino. Observar-se e deixar fluir, sair, descolar ou desapegar-se de tudo que não serve para a autorrealização requerem profundo discernimento discriminativo. Esse autodomínio é fruto da transformação da natureza humana inferior, em que o pequeno eu ego se espiritualiza.

Não se chega à meta da transcendência se não houver autoestudo. Sem autoestudo não haverá autodomínio, e a mente do indivíduo continuará condicionada ao domínio do ego – desejo e sentidos.

Prática sugerida

Reflita sobre a importância da sinceridade e honestidade absoluta com Deus e consigo – Alma/Ori/Orixá/Purusha. Ao se estudar, mergulhe em si mesmo sem disfarces, sem esconder nada, sem mentiras nem distorções da verdade. O reconhecimento e a confissão dos erros ajudam a purgar da mente as vibrações limitadoras de quem mente para si mesmo. Só assim a relação mais íntima com Deus é estabelecida. É como Jesus disse: "a verdade vos libertará" (Jo 8:32).

Rendição ou entrega a Deus

A décima e última "chave de libertação" das aflições diz respeito à rendição ou entrega a Deus. O Ser Supremo – conhecido por muitos nomes nas diversas tradições personalistas, sendo chamado pelos impersonalistas de inominável – requer devoção/entrega, que inclui cultivo do amor incondicional a Deus, bem como o total abandono do que nos perturba. Permitir conscientemente que o nosso pequeno ego personalidade "morra", deixando-o ir para que Deus possa vir, significa total autoentrega e indica o aspecto teísta da ciência metafísica de autorrealização espiritual da ioga clássica indiana, caracterizada por afirmar a existência de um único Deus, de caráter pessoal ou impessoal, transcendente, soberano do Universo e conexo a todos os seres humanos.

É dificílimo soltarmo-nos e permitirmo-nos morrer conscientemente em vida física. Naturalmente, a Alma está envolta na "neblina" das percepções dos corpos inferiores, e nossas mentes estão condicionadas aos ferozes apelos dos desejos e das satisfações dos sentidos desses corpos. Enquanto não quebrarmos essa masmorra por aplicação de esforço pessoal, continuaremos presos na cadeia de sucessivos renascimentos físicos.

Uma excelente orientação que os Mestres Autorrealizados do Oriente nos dão é de prestarmos serviço a Deus no ser humano. Daí compreendemos por que renascemos médiuns e temos compromisso de serviço desinteressado. Amar e servir aos seres humanos, encarnados e desencarnados, é amar e servir ao Deus que habita neles. É elevar a ética espiritual ao mais alto nível e potência de liberação de nossas amarras egoicas, pois quando servimos esquecemos de ser servidos. Ou melhor, anulamos o pequeno ego controlador, ao menos momentaneamente, e aos poucos fortalecemos a rendição incondicional a Deus, realizando sistematicamente o serviço desinteressado.

Assim, o fluxo regular gerado pela energia da entrega do amor ao Senhor torna manifesto o que antes era apenas potencial imanifesto, em estado de hibernação: a própria divindade que habita cada um de nós – Alma/Orixá/Purusha. O grande desafio é estabilizar o amor na sede do coração, porta de entrada para a Alma, e nos liberar de vez da prisão do pequeno eu ego pessoal, impermanente e transitório, que mantém essa mesma porta fechada com o ferrenho cadeado de nossas aflições. Por essa razão, é de suma importância a regularidade no serviço devocional a Deus, servindo o "deus" que mora em cada ser humano, assim como a homeopatia cura em pequenas dosagens repetidas muitas vezes.

Prática sugerida

Pense sempre no Senhor, seja qual for a maneira que lhe pareça mais atraente – seja pai ou mãe, amigo ou amiga, irmão ou irmã, esposo ou esposa, com nome ou sem nome, com forma ou sem forma, pessoal ou impessoal. Escolha seu ideal de Deus, ancore a sua prática n'Ele e se entregue confiante ao serviço.

12
Desobstruindo os canais energéticos

É importante a compreensão de que temos um corpo energético conexo ao corpo físico. As tradições de cura da China, Índia, do Japão e Tibete descrevem os canais energéticos, nadis ou meridianos, ao longo do qual a energia vital flui. A vida é um fenômeno de energia vibracional, e a saúde gira em torno do equilíbrio energético por meio dos vários processos sutis. A energia ou força vital que pulsa no corpo físico e o anima garante que possamos nos mover, respirar e digerir alimentos, pensar e até mesmo sentir. Logo, não se restringe a aspectos fenomenais meramente orgânicos, e sim sustenta na forma de diversos canais energéticos a manifestação cognitiva da inteligência intuitiva da Alma e daí a expressão da própria consciência por intermédio do corpo físico.

Essa força vital é composta por fluxos ao longo de uma sofisticada rede de vias energéticas, que formam um circuito bioeletromagnético oculto no corpo físico, no duplo etéreo e no corpo astral. Há milhares de anos, esses canais energéticos são chamados de "nadis", na Índia, e "meridianos" ou "vasos", na China e no Japão. As escolas da ioga clássica indiana afirmam que existem cerca de 72.000 nadis ou canais energéticos no ser humano. As doenças são resultado de bloqueios no fluxo energético desses canais, que fluem subjacentes ao corpo físico numa extensa rede, como se fossem o "encanamento de água" e a "fiação elétrica" de um edifício de muitos andares – se entupidos ou em curto-circuito gerarão problemas aos moradores. Similarmente, os órgãos físicos sofrerão enfermidades se a quantidade e a qualidade da força vital forem bloqueadas e o seu fluxo energético nos nadis e meridianos entrar em "curto-circuito".

Se as enfermidades nos órgãos físicos são efeito do enfraquecimento ou da interrupção do fluxo de força vital nos nadis e meridianos – nossos "canos" e "fios" internos –, o que causa esses bloqueios? A resposta é a nossa mente e as oscilações que ela gera na consciência da Alma. Cada chacra está relacionado com um estado de consciência, e quando nos desequilibramos psiquicamente, interferimos no fluxo de força vital que sai dos chacras e deveria ser distribuído pelos nadis e meridianos (canos e fios) que temos dentro de nós. Para facilitar sua compreensão, imagine que cada chacra é uma caixa-d'água ou um transformador elétrico.

A natureza desses canais energéticos mostra a complexidade e a profunda ligação do nosso corpo com o Universo. Estamos intimamente ligados à sincronicidade em que os elementos ar, terra, fogo, água e éter atuam na natureza, com impacto celular e físico. O que está fora é igual ao que está dentro e vice-versa. Sobre o nosso planeta, ele também tem vias energéticas, as chamadas linhas de Ley, semelhantes aos nadis e meridianos no corpo humano. Igualmente, existem os chacras planetários.

Além de todos os aspectos relacionados à manutenção de uma boa saúde física, é de suma importância que alcancemos mestria sobre a mente. Adotarmos os preceitos e as observâncias que espiritualizam o ego e libertam das aflições, como expomos no capítulo anterior, é caminho seguro para que nossos canais internos se mantenham "limpos". Isso é imprescindível para que alcancemos um estado de consciência condigno para a conexão com a Alma/Purusha. Existem nadis fundamentais a essa união divina, que são aqueles que funcionam ao longo da espinha: Ida, Pingala e Sushumna.

O Sushumna é o canal central de energia no corpo humano, ladeado por Ida e Pingala, que o volteiam como uma cobra enroscada num cabo de vassoura. Vai da base da coluna até o alto da cabeça e transporta a energia kundalini (ou cundalini), que é a força primordial cósmica "adormecida" em cada um de nós. O kundalini é despertado por intermédio da prática da mediunidade, que deve ser bem direcionada para o altruísmo, pela ioga e meditação – foco de nossa abordagem. No homem comum, egoísta e hipnotizado pela sobrevivência na matéria, esquecido de sua procedência espiritual, o kundalini está "dormindo" na base da coluna vertebral.

Não entendamos o despertamento do kundalini como algo mecânico, resultado de uma simples aplicação de técnicasióguicas, o que existe muito hoje nas academias posturais, ou de iniciações de um fim de semana. São os *estados de consciência cada vez mais elevados alcançados pela meditação que vão gradativamente despertando o kundalini, que subirá ao longo da coluna vertebral harmoniosamente, "abrindo" definitivamente os chacras*. Não é o mero despertamento do kundalini que propicia os estados superiores de consciência, e sim o contrário. Nada adianta um cano largo se a torneira é pequena – se a percepção da consciência não está "aberta", o fluxo energético gerado causará profundo desequilíbrio mental e emocional, visto que os registros do subconsciente que ainda não foram transmutados vibrarão negativamente, interferindo na ação. É um processo lento e que deve acontecer de forma natural e gradativa. Apressá-lo é símile a entregar um potente automóvel para quem está acostumado a andar de carroça e não tem habilitação para dirigir.

Ampliar ou ativar nadi Sushumna e uni-lo aos nadis Ida e Pingala conduz-nos à boa saúde e ao bem-estar geral do corpo e da mente, bem como dá ancoragem ao crescimento espiritual. Sushumna é o principal canal energético no corpo humano, mas apenas se abre e flui livremente quando Ida e Pingala estão balanceadas e em equilíbrio, fruto da expansão da consciência alcançada pelo amadurecimento e aprofundamento da prática meditativa. A purificação desses três nadis é extremamente importante para a saúde do corpo e da mente.

A respiração ou canalização de prana (axé) é fator decisivo para a manutenção saudável de nossa fisiologia energética oculta. Falaremos com mais detalhes no próximo capítulo.

13
O prana e a respiração na fisiologia energética oculta

O *prana* é a energia vital do Universo. Podemos afirmar que é o mesmo *axé* da religião tradicional iorubá, o *chi* da medicina chinesa e o *ki* do taoísmo no Japão. Muitas pessoas, creio que a maioria, não sabem lidar com as leis da natureza relativas a essa energia cósmica e podem ficar exaustas e doentes. Não vivemos somente da energia concentrada nas células do corpo ou de alimentação sólida. Ao contrário, tanto os alimentos como o nosso organismo são condensações específicas de prana. Técnicasióguicas, como certas posturas e meditação, que nos conduzem a um maior estado de relaxamento, ajudam a captarmos e armazenarmos prana em nossos corpos, tanto físico como etérico-astral.

Podemos nos conectar e captar a energia vital universal no Sol, nas matas, nas cachoeiras, praias, no ar, na água e na comida. No entanto, se temos uma vida estressada nas grandes cidades, sem tempo para nada, é possível que, naturalmente, tenhamos bloqueada a "entrada" de prana ou axé em nossos corpos.

O prana é captado pelo bulbo raquiano, localizado na nuca, atrás da cabeça. Entra por ele, que esotericamente é conhecido como a "boca que tudo come", a "boca de Deus" ou a "boca de Brama", um conceito do hinduísmo, semelhante ao princípio de absoluto presente em outras religiões. Esse epíteto designa a capacidade de nos "alimentarmos" – nutrirmos – desse princípio divino, não personalizado e neutro, que está em tudo e tudo sustenta. Não por acaso, o amaci na Umbanda, isto é, a "lavagem" da cabeça com folhas maceradas, é feita na nuca. Dela, o fluido vital absorvido vai até o topo da cabeça, onde está o chacra coronário, e dele se distribui pelos demais chacras ao longo da coluna vertebral. Assim também ocorre com o prana: dos chacras, como caixas-d'água ou centrais elétricas transformadoras, vitaliza todas as células por meio dos nadis ou meridianos, como se fossem canos conduzindo água ou fios elétricos, conforme falamos no capítulo anterior.

Os nervos são os principais caminhos, no corpo físico, para a força vital e correspondem aos nadis do corpo astral, mais sutis e intricados. Essas vias energéticas, assim como uma estrada interrompida por um buraco ou desmoronamento, também podem ficar obstruídas. Ocorre que muitas passagens nervosas estão "entupidas" ou inabilitadas no corpo do homem comum devido aos pensamentos equivocados e às toxinas metabólicas geradas.

Os pensamentos desequilibrantes conduzem para baixo e para fora a força vital nos nervos, pois a mente está empenhada em desfrutar dos objetos dos sentidos, assim inclina-se para a matéria e para o externo, similarmente à mosca que não é atraída pelo néctar das flores suspensas nos galhos e persegue outra coisa no solo. O fluxo da força no alto da cabeça, que deveria ser o néctar que atrai para dentro a abelha da autorrealização espiritual, voa em queda rumo aos sentidos inquietos, uma descida que puxa a consciência para os objetos materiais que possam satisfazer aos desejos, assim como aquela coisa satisfaz a mosca.

Obviamente, os agitados impulsos nervosos ligados aos chacras inferiores e as energias geradas deles se inclinam para o exterior e consolidam os respectivos estados grosseiros de enredamento dos sentidos para satisfazer aos desejos, sempre crescentes e cada vez mais exigentes. Esse movimento do fluxo de prana, para baixo e para fora, é contrário ao movimento necessário para a percepção da alma pela consciência, que deveria ser para cima (cabeça) e para dentro (centro da cabeça) e aprisiona a mente na matéria. Por essa razão, os mestres iogues aconselham uma dieta adequada, entenda-se vegetariana, posturas e meditação, para atenuar e purificar os sentidos e para os nervos se tornarem mais receptivos ao Espírito, conduzindo a consciência para longe dos desejos materiais. A alimentação carnívora adensa o duplo etéreo, "entope" os chacras e deixa-os lentos, aumentando a influência dos sentidos corpóreos sobre a mente e, consequentemente, ampliando os desejos sensórios.

Não há nenhum problema em se ter desejos materiais de posses e conquista de espaço profissional e financeiro. Sem dúvida, as aflições começam quando o indivíduo é possuído por esses desejos, esquecendo-se de ou ignorando sua real constituição e origem como Espírito imortal. A mente se condiciona ao impermanente, e quando o grande nivelador universal chega – a morte –, a pessoa perde tudo que ela se apegou materialmente para sentir-se feliz.

Por meio de ássanas, que são posturas para purificar, fortalecer e desobstruir a força vital que flui nos nervos físicos, estimula-se a corrente vital a refluir dos sentidos para o cérebro. Não é a finalidade desta obra indicar quais são essas posturas, que podem ser aprendidas com professores sérios que ensinam a prática de hatha yoga. Todavia, caminhadas leves e exercícios moderados, aliados a uma dieta vegetariana, auxiliam enormemente para a manutenção do tônus muscular, reduzindo o estado de tensão dos músculos e nervos, favorecendo a realização das diversas funções motoras, inclusive ficar sentado um certo tempo meditando sem sentir dores localizadas.

Além disso, está comprovado que cânticos devocionais em grupo, ritos religiosos e meditações guiadas melhoram a penetração da força vital nos sete centros cerebrospinais. Testes com fotos Kirlian demonstraram que a energia flui sem nenhum bloqueio dos chacras para os nervos (nadis) após essas práticas, purificando-os e permitindo a reversão do fluxo de prana para baixo. Assim, indo para cima, se favorece que a mente sirva de receptáculo a Deus, a estados elevados de consciência conectados com a potência da Alma/Orixá/Purusha. Claro está que, para os cânticos devocionais em ritos religiosos terem algum efeito positivo na meditação, é necessário e indispensável que nos conduzam a um estado de firme e estável concentração, tema para o nosso próximo capítulo.

Na tradição da ioga clássica indiana está consagrado que o controle de prana acontece quando se regula a inspiração e a expiração. Respiração harmoniosa e regulada acalma a mente. Preferencialmente, isso deve ser feito sob a luz do Sol.

Prática sugerida

Sente-se num local que receba a luz solar, em horário adequado – é indicado até às 10 horas. Você pode estar sentado em uma cadeira, almofada, na grama, em uma praça ou parque e até mesmo na areia da praia. Sua coluna deve ficar ereta, sem forçá-la para frente nem para trás. Apoie os braços sob as coxas com as palmas viradas para cima. Fique de olhos levemente abertos, com o olhar suavemente inclinado para a base do nariz, entre as sobrancelhas. Se a posição dos olhos incomodar no início, feche-os, mas mantenha-os inclinados. Concentre a mente no prana na forma de respiração. Ao inspirar, imagine que o ar é luz entrando em seu corpo, iluminando-o cada vez mais, a cada inspiração profunda e pausada. Ao inspirar, permita que o cansaço, estresse e os sentimentos negativos saiam e se diluam na luz do Sol. Contemple que a cada inspiração todos os seus chacras se iluminem. Imagine sua coluna vertebral toda iluminada, como se fosse uma lâmpada incandescente. Mentalize e observe que todas as suas células se iluminam. Respire pausadamente e mantenha a luz incandescente em seu interior.

Faça esse exercício diariamente por 10 minutos no mínimo. Pode ser antecedido de uma breve leitura inspirativa de cunho espiritualista que enalteça sua relação com Deus. Se não tiver Sol, como é comum em dias nublados e chuvosos, faça a prática em frente à chama de uma vela e se apoie em sua luz.

14
Sem concentração, não há meditação

Assim como um cão treinado corre atrás da bola sempre que o seu dono a joga, corremos atrás dos pensamentos sempre que a mente os cria e os joga na tela mental de nossa atenção. A natureza da mente é a de estar constantemente engajada em alguma atividade, pensando, imaginando, fantasiando, relembrando, desenvolvendo ideias, conceitos, opiniões e julgamentos. A nossa atenção está sempre correndo atrás de todas essas atividades, como fiéis e condicionados cães que correm atrás de bolinhas sempre que seus donos a jogam.

Um leão não corre atrás de bolas jogadas, mas ataca e aniquila quem as jogou. Similarmente, a concentração é o treinamento da atenção para que ela deixe de ser um cão fiel dos pensamentos e se torne um leão de si mesma. Apenas uma mente treinada sustenta uma consciência concentrada, inteligência discernidora capaz de nos mover além de nossas reações vitais, noções preconcebidas, medos e apreensões que vibram no subconsciente pelo passado que foi ou pelo futuro que possa vir a ser. Não iremos longe no caminho espiritual sem desenvolver concentração mental no momento presente, sem treinarmos a mente para ser concentrada e livre de influências de memórias, fantasias e projeções baseadas em crenças limitantes.

A energia Divina da consciência da testemunha existe no poder da concentração e é um potencial que deve ser desenvolvido e praticado. Quando meditamos e prestamos atenção na respiração, estamos disciplinando a nossa vontade e treinando a nossa concentração para sermos testemunhas do que pensamos e sentimos. Isso exige um grande esforço interior, pois a mente, assim como um cavalo selvagem, não admite ser mantida firme na concentração pela imposição da "sela" da vontade. A rebeldia da mente indisciplinada se manifestará por meio de comichões no corpo, tédio que gera sonolência ou agitação seguida de irritação. O esforço de concentração cria tensão na mente destreinada, com paixões intensas pela polaridade extremada do gostar e do não gostar e sensível às emoções incontroláveis – melindres, mágoas, raiva, ressentimentos etc. –, como uma quadriga desgovernada sem o condutor.

Dominar os cavalos da agitação mental requer que nos livremos das flutuações da mente causadas pelo fluxo de sempre novos/velhos pensamentos. Acalmar essa "correnteza" requer paciência, vontade férrea e persistência incansável. Só assim conseguiremos desenvolver uma consciência firmemente concentrada, ao qual é extremamente necessária e indispensável para que, de fato, entremos em meditação. Sem vontade, prática continuada e sincera aspiração não há concentração, e sem concentração não conseguimos meditar de verdade.

Prática sugerida

1. Fique numa postura relaxada de olhos fechados. Respire pausadamente e relaxe todo o corpo, os músculos e nervos. Não lute com sua mente. Apenas observe os pensamentos sem quaisquer opiniões de valor. Reconheça-os e deixe-os irem embora. Fixe sua atenção na respiração entre um pensamento e outro. Permaneça por pelo menos 10 minutos nessa prática, ininterruptamente.

2. Abra os olhos e observe a sua volta. Exercite atenção plena nos objetos e selecione um. Dê plena e total atenção ao objeto escolhido, observe cada detalhe. Esse objeto pode ser o seu ideal de devoção colocado em seu altar pessoal, a deidade que você elegeu para meditar (santo, mestre ou Orixá). Se pensamentos intrusos entrarem em sua casa mental, retorne ao exercício 1. Permaneça por pelo menos 10 minutos nessa prática, ininterruptamente, e retorne à anterior sempre que novo pensamento for reconhecido.

Essa prática objetiva treinar a mente para o máximo de concentração. Com o tempo, você entrará com mais facilidade na consciência da testemunha, alcançada na parte 2 da prática.

Quando focalizamos um objeto – uma forma concreta, um conceito abstrato, uma ideia ou ideal devocional – acontece, gradativamente, a absorção da mente no objeto-alvo da concentração. Os pensamentos continuarão a fluir espontaneamente, mas você os observará com equanimidade, sem deixar-se dominar por eles e, finalmente, alcançará mestria sob a sua mente, um porto firme, porto este que a sua vontade escolheu para fixar a sua atenção plena – ser a testemunha.

15
Liberte sua mente da dominação dos sentidos

Os sentidos são como espelhos. Virados para fora, refletem o exterior. Se direcionados para dentro, refletem o que somos, a Luz Divina. Numa sociedade "virada" para fora, os meios de comunicação em massa, altamente publicizados e instantâneos nas redes sociais, nos condicionam em padrões de consumo externos que são implantados para gerar desejos. Desejos que só podem ser satisfeitos por meio dos sentidos e que devem ser continuamente renovados. Nessa busca de realização dos desejos, o senso vigente do cidadão comum é inquieto, desatento e hiperativo mentalmente, senso esse implantado artificialmente pelo excesso de estímulos visuais e auditivos.

Esquecemo-nos ou nunca fomos educados para transferir nossa atenção para o que realmente importa: a consciência imortal, o Eu Interno e Absoluto. Quem de nós se senta diariamente 20 minutos para observar os sentidos aguçados por estímulos externos? Focar a atenção nos órgãos de percepção é uma prática básica que todos nós deveríamos aprender nas escolas. Um simples fechar de olhos, para cessar os estímulos visuais por alguns minutos, geralmente é uma tortura para uma geração que funde e confunde o pensar com imagens externas. Não por acaso, certas religiões têm nos rituais exteriores, com muita música estridente e movimento dos corpos físicos, o ponto central para "fisgar" a atenção dos frequentadores e oferecer emoções fortes que geram um bem-estar fugaz, que se esvai facilmente algumas horas após o rito vivenciado, pois não houve nenhuma interiorização reflexiva na consciência, base sustentadora e formadora do ser psíquico imortal.

O princípio verdadeiro do *religare*, de comunhão divina, está no fato de que temos, ou deveríamos desenvolver, a capacidade de limitar ou influenciar nossas entradas sensoriais. A elevação espiritual requer a percepção de si e passa, necessariamente, sobre o autocontrole interno – "aquietai-vos e sabei que eu sou Deus" (Salmos 46:10). Assim como uma tartaruga puxa naturalmente seus membros para dentro procurando se proteger de ameaças externas, devemos aprender a retirar, habilmente, a atenção das agitadas atrações impermanentes e pueris do mundo. Mesmo uma mente disciplinada pode ser arrastada por sentidos desgovernados. As delícias que os prazeres efêmeros propiciam são doces no início e amargos no fim.

Não é incomum idosos moribundos em leitos hospitalares estarem sequiosos por uma bituca de cigarro ou por um trago, velhos compadres de outrora em que o corpo físico tinha vitalidade e suportava o desgaste dos excessos sensórios. O tempo, porém, fiel e incansável agente divino, descortina a volatilidade do meio físico ao qual estamos renascidos provisoriamente. Já o exercício de retração ou controle dos sentidos, para que consigamos obter concentração e unidirecionamento mental para a prática da meditação, é amargo no início e como néctar no fim. É amarga, pois os hábitos contrariados se rebelarão e causarão inquietação. O pequeno rei ego se revolta quando é confrontado em seu pseudopoder sobre o seu reino, o corpo físico e a mente sensória. E é como néctar ao fim do treinamento da mente, quando alcançamos mestria interna, focando a atenção de acordo com a vontade e fortalecendo o nosso poder de escolha. Somente assim, não controlados e condicionados pelos hábitos, verdadeiramente, exercitamos o livre-arbítrio.

Na tradição da ioga clássica, o corpo é comparado a uma carruagem dirigida pelo intelecto por meio da mente – que seriam as rédeas que prendem os sentidos, representados pelos cavalos. Quando os cavalos são indomados e selvagens, o condutor da carruagem é levado para qualquer lugar, menos para onde precisa chegar. Assim, nossa Alma (o condutor) não nos guia mais pelo discernimento intuitivo. Quem nunca sentiu seu corpo e mente totalmente tomados por um ambiente agradável depois de alguns drinques? Quem nunca ficou com desejo após ver uma imagem sensual e impactante? Quem nunca sentiu fome fora de hora com determinado aroma da comida do vizinho? Quem nunca sentiu inveja, ciúme, cobiça, ira etc.? As impressões entram pelos sentidos, são processadas pela mente e, na maioria das vezes, criam fortes hábitos que nos condicionam.

Os hábitos são potentes cavalos indomados que nos deixam hipnotizados pelo anseio das sensações inebriantes. Somos tão dominados pelos estímulos sensoriais que não temos concentração (foco mental) para observarmos nossos pensamentos, o que nos leva à egoesclerose (doença do ego – o egoísmo que toma conta do indivíduo e o faz acreditar ser diferente e distante de todos, inviabilizando o encontro com o amor). Assim, tomamos decisões inadequadas para o amadurecimento espiritual. Infelizmente, isso acontece muito no cidadão comum, que não percebe o quanto os hábitos dirigem sua vida e determinam suas escolhas. Em verdade, se perde o livre-arbítrio, pois as escolhas passam a ser feitas pela força dos hábitos, fazendo com que o indivíduo não perceba a senzala que vive.

Não se trata de reprimirmos negativamente os nossos sentidos, e sim de impedirmos que eles tomem um lugar em nossas vidas que não nos ajuda a progredir espiritualmente. Uma carruagem não anda sem a força dos cavalos. Similarmente, os sentidos são essenciais para agirmos no mundo físico e interagirmos com o meio. Todavia, quando as sensações controlam nossas ações e mente, temos um sério problema.

Pensemos que toda e qualquer sensação é uma ilusão, ou seja, não somos o que pensamos e sentimos. No mais das vezes, o pensar e sentir estão tão fundidos que não percebemos que somos dominados pelo que sentimos, ao invés de escolhermos o que pensamos. A ausência de mestria mental não significa só o condicionamento de nossas escolhas à inquietação dos sentidos, mas abrange também o fato de não exercitarmos o direito de escolher a qualidade do que entra em nossos canais de percepção sensória. Tal como o alimento depois de digerido se torna parte de nossas células, também as impressões sensórias "engolidas" compõem nossa estrutura emocional e sutil.

Assim, é importantíssimo que aprendamos a observar os estímulos com que nutrimos nossa consciência, sob pena de ficarmos embotados. Que imagens, sons, odores e texturas preenchemos nossos sentidos e, por consequência, nossa mente e Alma? São harmônicos, belos, naturais, simples e luminosos ou agressivos, violentos e demasiado intensos?

Se não conseguirmos mestria da mente sob os sentidos, não teremos concentração. Sem concentração, não há meditação. Ao não conseguirmos meditar, não expandimos a percepção da nossa consciência. Sem expansão da percepção da consciência, não absorvemos os atributos, as perfeições e bem-aventurança dos Orixás, isto é, as qualidades de nossa Alma – Ori.

16
A intenção e as afirmações positivas

Utilizamo-nos de uma afirmação positiva, como se fosse um mantra, para fortalecermos um propósito ou uma intenção. Esse esforço deve ser estritamente individual, direcionado para nosso interior. O Cosmo manifestado se sustenta sobre o princípio de uma partícula girando em torno de outra – um elétron circulando um próton –, assim produzindo a força magnética mantenedora dos corpos, planetas e das galáxias. Similarmente, uma afirmação é a força de vontade concentrada, que girando em torno de uma intenção (ideia) cria poderosa força magnética.

Nunca devemos pessoalizar para terceiros essa força-intenção, embora possamos utilizar a ciência das afirmações de cura de maneira genérica para os enfermos de todos os tipos. Ocorre que as afirmações poderão produzir resultados negativos se a intenção não estiver de acordo com o propósito de vida e o momento cármico do enfermo. Quando fizermos afirmações de cura para os outros, ou mesmo para nós, é de bom termo que não digamos a Deus o que Ele deve fazer. Deus sabe! Em razão disso, sugerimos nesses casos que se visualize uma luz branca ou dourada envolvendo você ou a pessoa enferma, simples assim, vibrando amor juntamente com a Luz Divina. Essa Luz pode dissolver toda a enfermidade se o pensamento estiver elevado e impregnado da Graça Divina.

Esse cuidado é importantíssimo para que não façamos magia mental negativa com interferência no livre-arbítrio alheio em nossa prática espiritual. Afinal, se 99% dos cidadãos encarnados na humanidade não sabem o bem para si próprios, o que esperar daqueles que têm a presunção de saber qual o bem para os outros? A força de nossos hábitos (crenças, valores, registros subconscientes etc.) nos condiciona e limita nosso discernimento e poder de escolha pessoal, o tão falado livre-arbítrio.

O uso de afirmações positivas é ciência que altera as ideações mentais e os hábitos enraizados. São resoluções, espécies de decretos, que você faz com si mesmo para conduzir o alinhamento das suas intenções com suas atitudes, do seu pensar com o seu agir, numa busca constante que exige enorme dose de esforço psíquico. São frases curtas, concisas, claras e altamente evocativas. Objetivam potencializar aspectos, atributos e perfeições da Alma na personalidade, espiritualizando o complexo mente-ego. Fortalece o foco da mente e desperta as forças "adormecidas" que facilitarão a realização dos objetivos e do propósito de vida.

Afirmações

"Aceito quem é diferente de mim."

"Perdoo quem me ofende."

"Eu sou paz, nada me perturba."

Essas breves afirmações devem fazer oposição a padrões de pensamentos e emoções que fazem parte de nosso cotidiano e aos quais estamos com dificuldades de "soltar". Consistem em ativar as qualidades opostas que não estão manifestas com força em nosso ser psíquico, muitas vezes bloqueadas por crenças, medos ou condicionamentos pré-reencarnatórios que vibram no inconsciente.

A ativação dessas qualidades altera os padrões de pensamentos e "reconfigura" as sinapses cerebrais, consolidando serenidade à nossa vida. Todavia, exigem esforço contínuo e férrea disciplina de uma prática regular. É preciso fazer rotineiramente uma autoanálise sincera para identificar os nossos pontos fracos, as nossas carências e assim evocar vividamente aquilo que queremos reciclar.

Devemos recitar as afirmações mentalmente em nossa prática meditativa. O anseio de superação vem junto com a maturidade emocional, que não julga a si mesmo, mas aceita e reconhece o lado sombra com amorosidade. Essas frases curtas, que podemos criar sempre que necessário, são carregadas de significado. Devemos fazer, no mínimo, entre 10 e 20 sessões sucessivas de meditação e repetir, pelo menos, 108 vezes (o número de contas de um colar de japamala) ao iniciar ou ao finalizar a prática.

A afirmação deve se referir a um anseio honesto, um voto a ser cumprido, uma firme intenção ou resolução. As qualidades e os atributos afirmados (decretados) se voltam para dentro e se conectam com a intenção mais elevada da Alma. As afirmações podem e devem ser mentalizadas, numa espécie de sussurro silencioso, todos os dias e repetidas sempre que se fizer necessário pela manhã, antes da prática de meditação ou no início de qualquer prática espiritualista religiosa.

As afirmações positivas, para serem efetivas e "limparem" o subconsciente, partem da premissa radical de que você é divino e tem toda a capacidade de cumprir o dharma (propósito) de sua vida. A ioga – *religare* – que você precisa fazer é focalizar sua mente e se concentrar, conectando-se ao seu potencial divino, o "deus" dentro de você. A resolução interior deve ser sempre afirmativa, como um decreto a ser cumprido. É infinitamente melhor repetir mentalmente "estou calmo" ao invés de "não estou irritado". Devemos afirmar o positivo das perfeições que precisamos interiorizar, e não negar nossas ativas imperfeições.

Seguem mais afirmações:

"Confio em minha intuição e sabedoria, elas são meus guias."

"A cada dia sou uma criança em corpo, mente e Espírito."

"Tenho força de vontade renovada e sou vitorioso."

"Venço os desafios diários, pois o meu potencial é o infinito."

"Eu Sou Eterno e permanentemente estabelecido na consciência imortal."

"Eu Sou Luz, Eu Sou Luz, Eu Sou Luz…"

17
A força dos cantos mântricos em grupo

É muito importante estarmos com boas companhias. Quando nos reunimos com o ideal de uma prática devocional, seja qual for a tradição, nos fortalecemos. A egrégora que se forma pela elevação coletiva dos pensamentos, direcionados a um objetivo e objeto comuns, um atributo divino ou um nome e forma de Deus, propicia uma espécie de ancoragem que todos se beneficiam. E para que haja a elevação dos pensamentos e das vibrações individuais, é necessário que consigamos estar concentrados. Daí compreendemos a importância dos cantos devocionais, espécie de "mantras" com afirmações e decretos que elevam o psiquismo.

Quando falamos em cantos mântricos (devocionais), não precisa ser em recitações na língua sânscrita ou qualquer outra. Se o grupo domina o idioma estrangeiro e sabe o significado das palavras, tudo certo, mas, de uma maneira geral, quando "mantramos" em outra língua, a maioria não sabe o que elas significam. Portanto, é muito melhor cantarmos em bom e inteligível português do que apenas repetir palavras sem entender qual o sentido delas. Lembremo-nos que qualquer canto em nossa língua é válido se nos remete a Deus, independentemente de nome, forma ou tradição, desde que haja sincera devoção entre todos.

Nessas reuniões, os devotos que têm mais dificuldade para meditar encontrarão a "âncora" necessária para estabilizarem a mente e se concentrarem, como se uma força os puxassem para cima, assim como as folhas são levantadas do chão pelo vento. Esses encontros podem abranger diversos rituais, além da meditação em grupo. Reafirmamos os cantos devocionais, a recitação de mantras ou pontos cantados, como prática espiritual adequada para a atual era da humanidade, juntamente com leituras inspirativas baseadas nas escrituras comentadas por mestres fidedignos, dentre outras atividades. A ideia central é que o devoto se fortaleça na comunhão coletiva com Deus.

A música sacra ou espiritual, como os hinários e cânticos devocionais, independentemente da tradição religiosa ao qual pertença, eleva a consciência dos ouvintes, dissipando vibrações grosseiras. As reuniões de meditação coletiva com cânticos são uma forma efetiva de comunhão divina, caracterizando uma prática espiritual com fundamento. É a ioga do som e da voz (Nada Yoga). Exige concentração intensa, que propicia absorção cognitiva no som, transmutando os pensamentos inquietos, sendo o próprio homem expressão do Verbo Divino Criador. Sem dúvida, o som reverbera sobre ele com potente e imediato efeito.

Por similaridade de ondas vibratórias, muito além do que os ouvidos humanos conseguem escutar, o som repercute nos seus centros ocultos distribuidores de energia etérica, os chacras, ao longo da espinha dorsal. Nesses momentos, a coluna vertebral se "acende" como um filamento luminoso de lâmpada, impulsionando a luz para os centros superiores até o alto da cabeça, reacendendo a lembrança da origem espiritual do ser humano, alterando e ampliando a percepção da consciência da Alma, assim favorecendo a comunhão divina. Esse movimento luminoso canalizado para o Alto, para a sede da Alma, ocorre de maneira espontânea e natural, em maior ou menor grau, dependendo do nível de receptividade, devoção e amadurecimento espiritual do devoto.

Aliás, além da ação espiritual dos cantos, seus valores são notórios – os cantos são terapêuticos, curativos de doenças estabelecidas e previnem morbidades que vibram no corpo astral e ainda não "desceram" para o físico. No século VI antes de Cristo, Pitágoras (uma encarnação de Ramatís) usava melodias especiais para curar não só o corpo físico, mas também desarmonias específicas no subconsciente, que originam preocupação, tristeza, temor e ira, entre outras emoções e sentimentos negativos que, se forem persistentes, podem se tornar enfermidades. Ramatís considera o duplo etéreo e o corpo físico instrumentos de sensível ressonância, capaz de reagirem imediatamente aos efeitos de vibrações sonoras. Quando cantamos os nomes de Deus, reunidos e embevecidos em sincera devoção, a Graça Divina é canalizada e se expressa no som em frequência curativa – energizante e reparadora.

As tradições africanas dão muita importância à comunidade. As escolas de ioga valorizam a satsanga (reunião de praticantes), e o budismo tem na sanga o centro de proteção, onde os monges e leigos se fortalecem juntos com a leitura de sutras (aforismos), recitação de mantras e meditações. Em verdade, o ser humano tem necessidade espiritual de congraçamento com outros, assim como Deus, embora sozinho e inalcançável em sua onisciência, preenche tudo com sua imanência oniabarcante. Quando nos reunimos, todos participam quando cantam. Cantar não é exclusividade de um, mas prerrogativa de todos. Não há nenhum segredo ou mistério, e os fundamentos para a conexão com Deus são ensinados para toda a comunidade.

É profundamente gratificante constatar que é possível "quebrarmos" o egoísmo vigente e estabelecermos uma consciência de coletividade. Em nossa essência mais profunda, somos personagens passageiros com uma consciência individual eterna, parte de algo maior e coletivo, assim como as ondas não conseguem se separar do mar. Somente somos o que somos porque existem os outros, e não conseguimos alcançar plenitude espiritual isolados da Consciência Cósmica. A percepção de ser especial e separado é ilusão do ego. Fomos criados para a interdependência e a interdisciplinaridade. A convivência em comunidade nos desenvolve alteridade, empatia e simpatia, pois nos educamos em perceber o outro. O Sol, o ar, a terra, a água, enfim, Deus em sua diversidade de nomes e formas atua em toda a Criação Manifestada, mostrando e comprovando a interdependência cósmica dos elementos. Não pode ser diferente com o ser humano no espaço religioso, onde procuramos comungar (nos religar) com a Graça Divina.

Numa reunião de devotos, sugerimos a leitura de uma escritura como texto inspirativo, comentada por um mestre genuíno e autorrealizado, uma breve interpretação de seus ensinamentos e cantar os diversos nomes de Deus (escolha dos nomes e da tradição a depender do tipo devocional de cada grupo). Assim como o sopro (OM) cria uma bolha de sabão e galáxias imensuráveis, quando cantamos reunidos criamos uma concha vibratória que permite que os Mestres se aproximem de nós. Para Deus não importa o nome e a forma com que O buscam. É mais valioso se a porta do coração estiver aberta, com honestidade e sincera devoção.

Reunidos e cantando os nomes de Deus, o som primordial, que é o Pranava OM, que origina todos os outros sons e verbos, está aberto para a recepção nas afirmações faladas no ato de cantar. Assim como o Espírito Santo se manifestou em diversas línguas no dia de Pentecostes, Deus em seu verbo primevo se manifesta em todas as línguas, não somente nos mantras védicos. A prática desse OM cantado na forma falada dos nomes de Deus (cantos de louvação ao divino), assim como o ato de escutá-lo com atenção, faz automaticamente vibrar todos os centros energéticos do nosso corpo sutil (chacras), limpando os condutos astrais (nadis) e preparando o despertar da energia latente do chacra básico (Kundalini Shakti) para que suba ao longo da coluna vertebral. O processo de cantar em grupo como prática espiritual consiste em reconhecer e realizar essa vibração sonora divina interior derivada do OM.

A prática coletiva de meditação com cantos devocionais ou mântricos é a mais potente ferramenta espiritual para a elevação da consciência e a mais adequada para a atual era da humanidade. Os pré-requisitos essenciais para esse tipo de ioga (comunhão) são os mesmos que em qualquer outra tradição ióguica ou religiosa séria: preceitos de comportamento e as observâncias morais são as primeiras diretrizes a serem seguidas, como os descritos nos capítulos iniciais.

Pode-se ainda fazer o japamala, repetição de mantras ou afirmações com o "rosário" de 108 contas, cadenciado com a respiração, inspirando e expirando vagarosamente em cada recitação. Ao sincronizarmos a respiração com a recitação, estabelecemos concentração e controlamos a mente agitada. Isso é propiciatório para que entremos em estados de meditação mais profundos, paulatinamente ampliando a percepção da consciência para a comunhão (ioga) com Deus, nosso Ori/Pususha/Orixá.

18
Empoderamento com os atributos divinos

As igrejas evangélicas e católicas, os templos budistas, os centros espíritas, os terreiros de Umbanda e Candomblé, os centros de ioga, os núcleos de meditação e as centenas de instituições espiritualistas ficam repletos de crentes, fiéis, adeptos, devotos, discípulos ou associados que ali cultuam certos postulados simpáticos e afins a uma doutrina, um nome e uma forma específicos de Deus.

No entanto, as criaturas condicionadas ao senso comum e às crenças sistemáticas e "padronizadas" não modificam o seu "eu" inferior, nem incorporam os valores incomuns do "eu" superior divino, que jazem na essência do próprio homem, microcosmo divino. Provavelmente, ignoram que isso só acontecerá pelo esforço pessoal associado a uma prática espiritual regular – seja ela qual for –, por meio do estudo, da interiorização, *meditação*, abnegação, vontade disciplinada e mente adestrada em mudar hábitos.

É indispensável o serviço a Deus no próximo, com ações independentes de quaisquer interesses egoístas de usufruir o fruto das ações. Para Deus, não importam o nome e a forma que é cultuado nem a denominação religiosa do devoto, e sim a modificação da percepção da sua consciência, a transformação do seu caráter íntimo e o serviço realizado por ele. Lembrando que não se constrói um edifício somente contemplando o projeto do arquiteto e não se sacia a fome memorizando o mais saboroso dos cardápios.

O empoderamento com os atributos divinos vai além dos nomes e das formas das deidades objetos de devoção. Empoderar-se é o ato de interiorizar os poderes divinos de realização, inerentes à Alma (*Self*/Purusha/Orixá/Ori). Esse "poder" não tem nenhuma conotação de poder temporal do ego, que procura reconhecimento, controle e domínio do outro. Empoderar é uma ação que se refere ao ato de reconquistar o perdido poder do Espírito, manifestando-o por meio de um novo estado de consciência que reverberará nos corpos inferiores (astral/etérico/físico): reconquista a partir de uma prática espiritual genuína, intensa e metódica de autoconhecimento e autorrealização. A partir dessa vitória da Alma imortal sobre o ego temporário, estabelece-se a revolução de si mesmo, abrindo-se a percepção da consciência à plena receptividade dos atributos do Deus cultuado, independentemente de uma forma específica de crença religiosa ou de uma única verdade baseada em doutrina definitiva e dogmática.

O estudo dos ensinamentos de Mestres espirituais fidedignos, como os de Paramahansa Yogananda, Babaji, Ramakrishna, Ramatís, entre outros, que interpretam as várias tradições da ioga clássica indiana, à luz da Religião Eterna Universal, independe de rótulos religiosos terrenos. A meditação continuada nesses saberes, para que a consciência do mestre escolhido seja repassada à consciência do devoto praticante, dando-lhe suporte – iniciação – e ancoragem em sua prática espiritual; a consequente interiorização desses ensinamentos, modificando hábitos equivocados que farão uma profunda limpeza dos porões do subconsciente; a força de vontade para não desistir e a paciência para que a continuidade no tempo estabeleça a mestria da mente sob os apelos do complexo personalidade/ego/hábitos são etapas necessárias a serem vivenciadas para o empoderamento com os atributos divinos.

Reflitamos que o Espírito do homem é a centelha ou chama de luz, síntese de todas as faculdades criadoras divinas, enfim, a miniatura do próprio reino de Deus. É o Espírito, em última instância vibratória, que anima e organiza a tríade de corpos inferiores – astral/etérico/físico – para que a consciência se manifeste na matéria. Os corpos inferiores são as vestimentas do Espírito, que lhe dão a configuração humana em sua etapa de aperfeiçoamento nos mundos transitórios. Assim como o homem necessita de uma roupa apropriada e protetora, como é o escafandro de borracha para atuar no fundo dos mares, o Espírito também precisa dos trajes corpóreos, para relacioná-lo de modo lógico e sensato no contraste da dualidade, impermanência e dualidade terrena, entre o mundo eterno e real da Luz Divina e o ambiente físico ilusório das sombras.

Em sua originalidade, é translúcido e imaculado, a refulgir com a intensidade semelhante à luz irradiada da intimidade do Supremo, um pequeno Sol brilhante. O Espírito é uma diminuta chama de luz, a partícula "microdivina" perfeita que energiza a formação da futura consciência cósmica no homem, produto de milhões ou bilhões de anos de lutas, equívocos, amores, ódios, alegrias, tristezas, venturas, tragédias, luzes e sombras, até que os atributos divinos estejam empoderados plenamente na consciência, que finalmente se tornou refletora dessa Luz Divina.

Refletiu a Luz Divina
Com todo o seu esplendor
Vem do reino de Oxalá
Onde há paz e amor...

19
Orixalidade: atributos e tipos psicológicos dos Orixás

Ao nascermos, trazemos conosco o Eu Real, Mente Profunda ou Ori, no esoterismo oriental traduzido por Purusha, Chispa Divina ou Mônada. São "sinônimos" que se aproximam da definição da nossa Essência Primordial Divina ou núcleo intrínseco do Espírito. Ao crescermos, não deixamos de estar visceralmente ligados a essa vibração original, que é perene, imaculada, potencialmente divina e nunca adoece, do mesmo modo como a chama que ilumina o lampião não se suja com a fuligem. Essa força energética vai influenciando gradativamente a formação da personalidade, por meio de impulsos psicológicos e aptidões inatas ancestrais que afloram num modo de ser psíquico, peculiar e incomparável, como a chave secreta de um baú que guarda um tesouro valioso e imperecível.

Em todos nós, estrutura-se uma camada protetora da personalidade que ditará os processos mentais mais profundos que dominarão os pensamentos do indivíduo. A força instintiva, indomável, intensa e persistente, que objetiva uma falsa defesa e anseia por domínio, controle e poder, é conhecida como ego. A ilusão que o ego nos enreda faz a consciência se identificar com a ilusória personalidade e com a satisfação dos nossos mimos emocionais. Assim como olhamos para a abóbada celeste em um dia nublado e não enxergamos o Sol, o ego cria uma névoa espessa que impede a percepção consciente do nosso Eu Real Divino. Trata-se de uma camada de pensamentos contínuos que formam a "mente ordinária" ou "mente sensória", o padrão de pensamentos que nos ocupa em estado de vigília, tal qual um rio de lama impossível de ser atravessado a nado.

Os hábitos e padrões de comportamento subconscientes condicionam o ego, que estabelece em nosso modo de pensar os apegos e gostos, as aversões e os desgostos, como um gatilho mental que dispara automaticamente sempre que interagimos com os outros. Podemos dizer que essa é a "mecânica operacional" que o ego aciona em incansável defesa da personalidade ilusória: bloqueia o acesso aos conteúdos do inconsciente – Eu/Alma/Ori/Purusha –, impedindo-os de se expressem com limpidez para a consciência, notadamente no que se relaciona à execução do propósito de vida para o qual renascemos num corpo físico transitório, indispensável ao nosso melhoramento de caráter.

O acesso ao Eu Real – Ori – "bloqueado" pela robusta ação do ego manifesta-se no indivíduo nas mais diversas psicopatias, em hábitos viciosos, condicionamentos egoicos, emoções negativas cristalizadas, recalques disfarçados, escapes e máscaras autossabotadoras que fazem o sujeito se desconectar de sua verdadeira essência divina. Os padrões de sucesso e desempenho exigidos pela sociedade moderna potencializam esse afastamento, gerando graves resíduos psíquicos que podem a qualquer momento desequilibrar a personalidade, advindo os sofrimentos e as dificuldades em amplo espectro de ação, desestruturando a homeostase e a higidez orgânica, fator central da geração das mais diversas enfermidades.

Para "quebrar" a barreira do ego que impede o acesso ao inconsciente profundo (Ori), nós, seres espirituais provisoriamente ocupando um corpo físico, somos influenciados pela ação contínua e persistente dos nossos "donos da cabeça" – os Orixás. Ou seja, nossa constituição psíquica é "cuidada" por um ou mais Orixás, que por sua vez alicerçam nosso equilíbrio psicobiossocial. Assim, nossa personagem nesta existência (personalidade) começa a ser definida antes de renascermos e terá predominância na formação do arquétipo que nos identificará com o nosso Eu real. Como espelho que reflete a luz do Sol, este iluminará nossos caminhos para vencermos a nós mesmos e superarmos nossas limitações criadas pela ilusória barreira da *persona*, protegida ferrenhamente pelo ego.

A cada renascimento num corpo físico, nosso Ori – Eu Real – é "envolto" numa espécie de massa etérea primordial, que se relaciona com os Orixás, os quais precisaremos solidificar em nós os seus atributos e suas perfeições, por meio das experiências que viveremos na vida carnal. Esse processo de "interiorização" dos Orixás em nós, mesclando-se com o nosso modo de ser e pensar, sentir e se emocionar, é como o nascimento de um broto que foi plantado dentro de nós. Lembremo-nos que a semente ainda não é o pé de carvalho, mas está hibernada nela a frondosa árvore plasmada, portanto, cabe-nos o esforço de regarmos o solo que pisamos na curta existência humana.

A prática da meditação com os atributos dos Orixás é um caminho de fortalecimento de nossa orixalidade. A maneira como o nosso ser psicobiossocial reagirá às diversas situações que enfrentaremos durante a encarnação será reflexo dos atributos e das perfeições dos Orixás que se ligarão à personalidade em formação, do nascimento à morte. Persiste do "lado de lá", quando estivermos novamente fora desses corpos físicos perecíveis, a consciência que conseguirmos construir sintonizada com o nosso Eu Real, imperecível, imortal e divino. O que mais importa num renascimento físico é a conexão que faremos com a nossa essência sagrada, o nosso Eu Sou ou "Deus Interno", como disse Jesus: "vós sois deuses".

A cada meditação nos atributos dos Orixás, tijolos são cimentados na ponte que nos conduzirá à lenta construção da nossa identidade cósmica. O acesso aos conteúdos armazenados no inconsciente é lento, perpassa renascimentos sucessivos no mundo terreno até que consigamos modificar padrões de condicionamento milenares e tenhamos a chave que abrirá os poderes de realização dos Orixás em nós, a liberação definitiva das ilusões do ego que nos colocará, finalmente, em plenitude com o nosso Real Ser Espiritual.

Exu

Na criação do Universo, o primeiro impulso volitivo divino foi "desdobrar" uma parte de si, um atributo peculiar: o poder organizador do caos e a vacuidade que presidiria tudo e antecederia a criação e as "coisas" a serem criadas. Esse "elemento" primordial, imanente e partícipe de tudo que existe é Exu. É o que os iorubanos chamam de a primeira estrela criada (ÌRÀWÒ-ÀKÓDÁ). Exu é o dono dos caminhos na mais profunda significação e em seus significados, pois ele é o grande movimento cósmico (mensageiro, mediador e comunicador), permitindo, em conformidade com a volição do Criador, a existência da vida em todas as latitudes universais.

No processo criativo divino, contínuo e ininterrupto, Espíritos são criados e "jogados" para fora do útero genitor – Deus é pai e mãe –, e Exu impulsiona essas mônadas primevas (centelhas) a mergulharem no oceano da existência que lhes dará, gradativamente, as formas adequadas para que possam existir nas diversas profundidades ou dimensões. Aos Espíritos são ofertados corpos espirituais propícios ao meio que habitarão. O próprio Deus lhes presenteia.

A natureza de Exu que se manifesta nas humanas criaturas implica o aprimoramento de qualidades inerentes a ele: ordem, disciplina, organização, paciência, perseverança, bom senso, discernimento, responsabilidade, confiança, justiça e comprometimento, permeados pela alegria de existir, a felicidade.

Atributos

Capacidade de lidar com imprevistos; confiança, disciplina, organização, responsabilidade, maleabilidade; persistência; vitalidade; persuasão; carisma; comunicação e desenvoltura.

Tipos psicológicos

São alegres por natureza, joviais e sorridentes. Procuram se posicionar na vida com bom humor, com acuidade mental, atenção, inteligência e uma certa esperteza que os fazem se destacar. São bem relacionados e valorizam as amizades. São aquele tipo de sujeito popular, que tudo que faz dá certo, por vezes gerando inveja a sua volta. São dinâmicos e nunca desistem de seus projetos. Possuem facilidade para se envolverem em confusões. Ao mesmo tempo, são flexíveis para contornarem os opositores, pois têm grande capacidade de comunicação.

Aspectos positivos: passam confiança no que fazem; são decididos, alegres, carismáticos e persuasivos.

Aspectos negativos: arrogância, orgulho, dificuldade de reconhecerem seus próprios limites de ação. Podem ser dominadores e não reconhecerem opiniões contrárias de pessoas que eles consideram "fracas".

OGUM

Na cosmovisão de origem, é considerado o "deus" do ferro, da metalurgia e da tecnologia, sendo relacionado ao elemento terra, afinal, o ferro dela é extraído.

Ogum domina o fogo e a forja, transformando o minério bruto em instrumento útil para o manejo e progresso dos homens. Manejar a forja quente simboliza ser mestre da sua vontade, não ser conduzido pelo desejo sem razão; é a vida pujante em sua plenitude, a vontade equilibrada direcionada para realizar e obter conquistas que permitam a liberdade emocional. É o senhor dos caminhos agindo, abrindo nosso senso de percepção interno para conseguirmos vencer nossas fraquezas e mazelas psíquicas que nos embrutecem como o ferro. Todavia, nossas aptidões inatas e adquiridas são forjadas na quentura da vida e por vezes é inevitável que tenhamos conflitos e demandas. O poder de vontade de Ogum não pode nos faltar.

É o Orixá que vence as demandas, que abre os caminhos e vem na frente para nos defender de todo mal, assim como veio na frente de Oxalá para completar a criação. Orixá ligado à vontade, atitude, perseverança, persistência e tenacidade. É a vibração que nos impulsiona a sobrevivência e não atua apenas nas situações de conquista e vitória em nossas lutas diárias. Sem reino vibratório específico, atua na defesa de toda a natureza, e seu poder de realização está em todos os lugares.

Atributos

Vontade e vitória; os chamados caminhos abertos que simbolizam o caminho e o próprio caminhante. Há um ditado antigo que diz: "Quando você dá o passo, Deus coloca o chão". Essa é a energia propulsora da conquista, o impulso da ação, do poder da vontade (o poder da fé). É a força (luta) inicial para que haja a transformação, é o ponto de partida, aquele que está à frente. É a vida em sua plenitude, o poder do sangue que corre nas veias, a manutenção da vida.

Tipos psicológicos

Podem ser irascíveis, excessivamente diretos em suas opiniões, francos em demasia e até impulsivos. São tenazes e agem com muita vontade e energia para alcançar seus objetivos e não descansam enquanto não atingem a vitória, quando muitos já teriam desistido da luta e perdido as esperanças. Por serem demasiadamente francos, às vezes são arrogantes e autossuficientes, melindrando pessoas de estima baixa com certa facilidade. No entanto, pela franqueza e transparência de suas intenções, acabam angariando muitos amigos e admiradores, o que pode deixá-los um tanto vaidosos. Raramente são odiados.

Aspectos positivos: transmitem sinceridade e franqueza, coragem, decisão, elegância, liderança. Também sabem ser dóceis, amáveis e generosos.

Aspectos negativos: vontade fraca, apatia, egoísmo, dificuldade de perdoar e de dizer "não". Podem ser autoritários, ciumentos, covardes e teimosos.

Xangô

Xangô é uma palavra de origem iorubá que significa "senhor do fogo oculto". É o Orixá que domina o mais intenso e poderoso de todos os elementos da natureza: o fogo. O poder de realização de Xangô é simbolizado magistralmente no raio que corta o céu, cai e marca a terra; a transforma, ilumina os caminhos, faz-nos procurar proteção. Significa as percepções profundas que vêm do nosso inconsciente, alertando-nos de possíveis equívocos não percebidos – sem discernirmos – e de atos injustos que estamos cometendo.

É o Orixá da "quentura", força impulsionadora do dinamismo que a vida exige para que tenhamos realizações em conformidade ao nosso propósito existencial. Não por acaso, muitos dos compêndios espiritualistas mencionam o Espírito como uma "chispa", uma fagulha, que faria parte de uma labareda ou fogueira maior, o próprio Deus.

Não temos como fugir da "luta", das "batalhas" e "guerras" para a nossa sobrevivência humana. Até os dias atuais, continuamos nos esforçando para conquistar terras alheias, como reis despóticos, esquecendo-nos de conquistarmos a nós mesmos. Claro está que existe competição na sociedade moderna e que se não soubermos nos defender seremos humilhados com possibilidade de sermos "sacrificados" sem nenhuma piedade, tal a violência e insegurança que vivemos.

Jesus disse: "Eu vim para trazer fogo sobre a terra e como gostaria que já estivesse em chamas. Tenho, porém, que passar por um batismo, e muito me angustia até que se consuma". Fogo sobre terra representa os desafios do Espírito reencarnado. A nossa programação de vida contempla muitos desafios, como se fôssemos colocados em "chamas". Muitas são as barreiras, os reencontros, as armadilhas e os fracassos numa breve vida humana. Todavia, mesmo que fiquemos angustiados, até mesmo o Divino Mestre se angustiou diante de sua hercúlea missão terrena, o poder transmutador do fogo – nosso Espírito – faz-nos "arder", tal ainda o nosso primarismo consciencial e a recorrência de atitudes equivocadas perante o cumprimento de nosso propósito de vida.

A Lei Divina é maioral e impõe ações retificativas nos egos aprisionados no ciclo humano de renascimentos sucessivos – não confundamos com punição. Recebemos liberdade para escolhermos (semeadura), todavia seremos os responsáveis pelos nossos atos (colheita). Assim como o magma quente abrasa a terra quando emerge das suas profundezas, o calor das vicissitudes do homem esquenta sua fria indiferença aos outros, escoimando seu egoísmo.

O nosso Eu Real conspira sempre a nosso favor. Diante dos conflitos da vida, pontualmente do inconsciente são liberados recalques, medos e traumas fossilizados, que dão calor à vida, provocam catarses e nos empurram ao melhoramento íntimo e aprimoramento do caráter. O entendimento do encadeamento de nossas ações e reações, que estabelecem uma relação de causa e consequência no sentido de ascensão espiritual – equilíbrio cármico –, é indispensável para que iniciemos o processo de liberação da Terra, para adquirirmos o direito de renascermos em planos superiores. É preciso queimar velhas manias, defeitos, atavismos e imperfeições filhas do ego, para que possamos vencer a nós mesmos. Estamos na existência terrena para convivermos com os nossos desafetos, equacionar desajustes que geraram desarmonia cósmica, tantas vezes quanto tantas estrelas existem no infinito, até que nos façamos fênix, que sobrepuja as cinzas deixando-as no chão, reconstruindo nossa "casa", reparando o templo interno, nosso Ori – consciência – e por ressonância sutilizando nosso corpo astral.

O oxé – machado ritual – de Xangô corta indistintamente para os dois lados, sendo equânime e justo: quem deve, paga; quem merece, recebe. Então, não nos esquecemos disso, pois ele pode cortar contra ou a nosso favor. Afinal, quem maneja adequadamente o que planta, dentro da Lei Divina, não receia a colheita. No aspecto esotérico mais profundo, é o Orixá regente da Lei de Ação e Reação, com suas causas e consequências, julgador implacável de nossos atos.

Atributos

Sabedoria e prudência; entendimento do encadeamento de nossas ações e reações, as quais estabelecem uma relação de causa e consequência no sentido de ascensão espiritual (equilíbrio cármico). Alinha o poder da vontade com o coração, ou seja, o propósito da Alma. Ensina-nos que a "chave do conhecimento tem que virar sabedoria".

Tipos psicológicos

Podem ser voluntariosos e rígidos em suas opiniões. Quando contrariados em seu ponto de vista, são enfáticos e até duros na defesa de suas opiniões, principalmente se estiverem com a razão. Todavia, com a maturidade, tornam-se muito sábios, mansos e de grande compostura moral, como o velho pastor da montanha que tem a firmeza da rocha e a mansuetude da ovelha.

Aspectos positivos: justiça, discernimento, palavras adequadas no momento certo, equidade, nobreza de caráter, atitude digna, organização e trabalho, progresso cultural e social, altivez e inteligência. Têm habilidade na oratória e no domínio das multidões e gostam do conforto.

Aspectos negativos: onipotência, rigidez de opiniões, vitimização, palavras metálicas que ferem ("só eu tenho razão"), prolixidade, vaidade exacerbada e conservadorismo extremo.

IANSÃ

Orixá regente dos ares em movimento, é a senhora dos ventos, raios e das tempestades. O tempo quando fecha e se "arma" para chover simboliza a força de Iansã, guerreira, intensa e dinâmica por vocação. Integra ainda os atributos volitivos de Iansã o lado oculto das tempestades, que fazem grandes assepsias energéticas no plano hiperfísico – sobrenatural – da psicosfera terrena.

Produzimos, ininterruptamente, formas-pensamento deletérias, emanações naturais da baixa condição moral e primarismo instintivo sensório ainda vigente nos cidadãos. Essas vibrações se "acumulam" formando gigantescas egrégoras, que é como se denomina as forças etéricas criadas a partir do somatório das vibrações mentais-emocionais, decorrentes da aproximação de duas ou mais pessoas. Entendamos egrégora ou egrégoro como sendo um campo vibracional extrafísico que está presente em todas as atividades humanas e paira sobre os centros urbanos. Com a ação das tempestades, ventanias e raios, essas energias deslocam-se e acabam desintegradas na dimensão etéreo-astral, repercutindo num ambiente físico higienizado, assim como quando fazemos faxina em uma casa suja.

A busca intensa da independência, do sustento próprio, a obstinação em vencer os desafios da vida e não fugir das lutas remetem ao poder de realização de Iansã. Vibração quente e rápida (ar + fogo), intensa, que nos faz mudar de posição em conceitos petrificados e opiniões definitivas, alterando hábitos e comportamentos. Sua força "limpa" nossa mente, removendo pensamentos "escuros", mórbidos, de medos, apreensões e recalques diversos. Tem a capacidade de mudar os pensamentos e assim alterar e reconstruir nossas sinapses neuronais, estabelecendo novos circuitos elétricos que nos libertam dos hábitos escravizantes, não sem antes causar uma "tempestade" mental – catarse – com explosão emocional. É como o entornar do balde, que encheu e não suporta mais nada dentro. Assim, dá-nos dinamismo mental, criatividade e maior acuidade em percebermos a real intenção dos que nos cercam.

Atributos

Movimento e mudança; necessidade de deslocamento, transformações materiais, avanços tecnológicos e intelectivos; luta contra as injustiças. Domina os ventos, os raios e as tempestades.

Tipos psicológicos

Podem ser irrequietos, por terem muita rapidez de raciocínio e agilidade mental. O psiquismo de Iansã é propenso à educação, à oralidade, à orientação, não se deixando prender a tarefas rotineiras e repetitivas. Precisam colocar em prática sua garra e impetuosidade diante do novo, como as nuvens nos céus que mudam constantemente o formato, moldando-se aos ventos.

Aspectos positivos: coragem, lealdade e franqueza, fluidez de raciocínio, propiciando a higienização mental; mudança de pensamento (jogo de cintura) e facilidade de falar, além de talento artístico, charme e sensualidade.

Aspectos negativos: ciúme doentio, rancor, impulsividade (agem sem pensar), fraqueza, impaciência e culpa.

OXÓSSI

Esse Orixá cumpre o papel importante de civilizador da humanidade. Representa a busca da sobrevivência, feita antigamente de forma arcaica, a caça e a coleta. Em verdade, Oxóssi representa a procura incessante dos homens por aperfeiçoamento de métodos e processos que lhes possibilitem sobreviver no espaço coletivo da natureza, em harmonia com os demais. Obviamente que, para ser um caçador como Oxóssi, são indispensáveis a vitalidade e a força juvenil. O caçador não é mais o homem que se adapta passivamente às condições externas da vida. Ao contrário, ele aprende a conhecer a "selva", desvendando seus segredos, suas armadilhas e seus habitantes, para assenhorar-se dela, dominá-la e dela extrair seu provento e sobrevivência de sua "tribo".

Oxóssi é solitário, gosta de ar e liberdade, não suporta ambientes fechados e ficar trancado. É o grande supridor, Orixá da fartura e da prosperidade. Representa a meta, o foco mental, a estratégia e a astúcia no cumprimento de objetivos que foram planejados. Tem inteligência e cautela. O pisar na terra sabendo onde se pisa e a fluidez na construção de pensamentos (ar) com forte e arguto senso de observação sobre o ambiente externo fazem de Oxóssi o rei dos caçadores, pois nunca erra o alvo, é sempre certeiro. O seu principal instrumento simbólico é o arco e flecha. Raramente entra em combate direto.

É esguio e ágil, estrategista, atira a flecha a distância, em segurança e silêncio. Há que se considerar que o arco e flecha é uma invenção da inteligência, do senso arguto de observação, uma vez que se opõe à força bruta do combate direto. Para se utilizar com habilidade o arco e flecha, não basta ser forte, ter braço firme e uma exímia pontaria, é indispensável um estado psicológico sereno, de pleno domínio sobre si mesmo, equilibrado e com rara concentração mental. Podemos inferir que, para se ter foco e atingir o alvo – metas de vida –, é preciso força interior, que só uma mente saudável propicia.

Atributos

É o "caçador de almas", o conselheiro. Corresponde à nossa necessidade de saúde, nutrição, energia vital e equilíbrio fisiológico, num trabalho constante de crescimento e renovação. Fartura, riqueza, liberdade de expressão; silêncio e observação são seus pontos marcantes. Ele representa o equilíbrio do ser!

Tipos psicológicos

São graciosos, inteligentes e têm uma curiosidade e senso de observação de grande penetração: simbolicamente, é o caçador solitário que entra silencioso na mata. Apresentam um comportamento metódico e são propensos à magia cerimonial. Gostam de ficar sós, são discretos, fiéis e, aparentemente, reservados e tímidos. Apresentam uma propensão natural para desbravar o desconhecido, por isso são pioneiros em novos projetos e métodos de trabalho. De grande sensibilidade, possuem qualidades artísticas. Por sua estrutura psíquica emotiva, com certa frequência precisam isolar-se para refazer suas energias. Gostam de estar na natureza.

Aspectos positivos: rapidez de raciocínio, boa oralidade e comunicação, extrovertidos, generosos, hospitaleiros e amigos. Vivem com dinamismo e otimismo e são ligados a todos os tipos de artes. São amáveis com os amigos e sinceros no desejo de ajudar os outros. Têm facilidade para ganhar dinheiro.

Aspectos negativos: vivem de ilusões, por isso podem vacilar no que desejam realizar. Por vezes, demonstram uma "vontade de nada fazer" que pode ter a conotação de preguiça. Gastam todo o dinheiro que ganham, levando em determinadas ocasiões à falta de alimento e ao desperdício. Podem ser agressivos e ter dificuldade de comunicação.

OMULU

Uma dúvida entre os devotos é se Obaluaê e Omulu são o mesmo Orixá. Sim, falar em Obaluaê ou Omulu é falar no mesmo Orixá. Obaluaê (Ọbalúwàiye) significa "Rei, senhor da Terra". São também comuns as variações gráficas: Ọbalúwàiye, Obaluaê e Abaluaê. Omulu (Ọmọlú) quer dizer "Filho do Senhor". Na sua representação antropomorfa (humana), seu rosto é coberto por um filá (vestimenta de palha da costa), pois não conseguimos olhar para o seu rosto sem que nos ceguem os olhos, dada a intensa luz que emite como se fosse um Sol em miniatura. Obaluaê é o mais moço, é o guerreiro, caçador, lutador. Omulu é o mais velho, o sábio, o feiticeiro, guardião. Ambos, porém, têm regências distintas sobre os elementos terra e fogo.

Obaluaê é o Sol (fogo), a quentura do astro-rei que abrasa a terra. Também se refere ao interior do planeta, onde o fogo faz da Terra uma magma incandescente, sustentador de toda a vida no orbe. Pensemos que, nas reentrâncias mais profundas de nosso Eu Real, a chispa divina habita incólume e saudável, perene e imortal; é o nosso Espírito imortal, núcleo gerador de cura para os nossos males quando nos reconectamos com essa essência sagrada. Ao contrário, o "afastamento" nos causa as mais diversas doenças. Logo, Obaluaê relaciona-se com o funcionamento do organismo e rege a saúde. Entendamos saúde sob o prisma espiritual, metafísico. Temos um veículo perene de expressão que é o corpo astral – perispírito. Os processos de moléstias físicas são depurativos desse envoltório mais sutil, que, num efeito de repercussão vibratória, escoa as enfermidades para a contraparte orgânica, que de regra as trazemos de vidas passadas. Esquecemo-nos de que, cada vez que morremos e voltamos a nascer, é como se trocássemos um paletó. A vestimenta externa é o corpo físico, que mudamos a cada novo nascimento.

Omulu é a terra fria, simbolicamente a sete palmos da superfície, indicando a velhice e a morte como ciclos naturais equilibradores da existência humana. É o Senhor da Terra para onde todos nós voltaremos, daí sua ligação no Brasil com a morte, atributo que originalmente em África é atribuído a Ikú, outro Orixá do panteão.

Assim como a crosta planetária "transpira" do seu interior, esse Orixá está presente em nossa pele, no suor, nas coceiras, dermatites e dermatoses. Em verdade, é o Orixá considerado o Grande Curador, o que leva as doenças embora. Está presente nos leitos hospitalares, nas casas de saúde, nos consultórios médicos e ambulatórios, enfim, se encontra onde estão os enfermos.

Atributos

Orixá da transformação, agente cármico a que todos os seres vivos estão subordinados, rege a "reconstrução de corpos" nos quais os Espíritos irão reencarnar, pois todos nós temos o corpo físico de acordo com nossa necessidade de reajustamento evolutivo. Assim, todas as doenças físicas às quais estamos sujeitos são necessárias ao fortalecimento de nossos Espíritos. Omulu não causa doença, e sim a leva embora, a "devolve" para a terra. Corresponde à nossa necessidade de compreensão do carma, da regeneração, da evolução, de transformações e transmutações existenciais. Representa o desconhecido e a morte, a terra para onde voltam todos os corpos e que não guarda apenas os componentes vitais, mas também o segredo do ciclo de nascimento e desencarne.

É o Orixá da misericórdia, está presente nos leitos dos hospitais e nos ambulatórios. A sua invocação, nos momentos dolorosos das enfermidades, pode significar a cura, o alívio e a recuperação da saúde, de acordo com o merecimento e em conformidade com a Lei Divina.

Tipos psicológicos

Podem ser fechados, amuados, sem jeito no trato social e apagados na conquista amorosa, tendendo ao pessimismo, com ideias autodestrutivas que os prejudicam no dia a dia. São um tanto solitários e melancólicos, podendo ser amargos com as pessoas. Por outro lado, para auxiliar alguém doente, são determinados, resistentes e capazes de enormes esforços. Podem reprimir suas ambições pessoais, adotando uma vida de humildade, de pobreza voluntária e até de certa flagelação psíquica. São lentos, todavia de grande perseverança, sendo firmes como uma pedra quando querem algo. Assim, perdem a espontaneidade e a flexibilidade para adaptarem-se aos imprevistos do caminho, tornando-se rígidos e resistentes às mudanças. Quando ofendidos, podem se tornar cruéis e impiedosos. São protegidos contra qualquer tipo de magia.

Aspectos positivos: os filhos de Omulu chegam a ser "esquisitos", com seu temperamento controlado, saindo-se bem nos estudos e nas pesquisas, principalmente na medicina. Anulam-se, muitas vezes, para proporcionar bem-estar a terceiros, fazendo disso sua maior motivação na vida. São amigos dedicados, exímios curadores, altruístas e têm uma sensibilidade mediúnica apurada que pode ajudar a entender as dores. Estão presentes em nossa vida, prestando-nos auxílio quando sentimos dores, agonia, aflição e ansiedade.

Aspectos negativos: esquisitice, vaidade exagerada, maldade, morbidez, indolência e mau humor. São desconfiados e rígidos, depressivos, melancólicos e ciumentos. Às vezes, magoam por insistir em só enxergar os defeitos alheios.

OXUM

Generosa, digna e cheia de candura. Oxum é a "dona" da fecundidade das mulheres, mãe doce, protetora das crianças, especialmente dos fetos, pois vibra intensamente durante a gestação. É o Orixá que "zela" pelos renascimentos desde o ventre até por volta dos 7 anos, quando "entrega" para Iemanjá a regência da educação, a mãe que tem o dever de ser a primeira professora, o modelo de vida.

É a grande dama do amor e da fecundidade. Rainha de rios, fontes, cachoeiras e cascatas. Com suas águas, fertiliza a terra árida, assim como as mulheres fecundas formam as placentas. Os ovos são símbolos da gestação, e o mel de abelhas, da fertilidade, ambos os elementos são desse Orixá. A senhora do mel, da doçura e da candura, assim é Oxum. Não por acaso, as abelhas simbolizam a diligência, a cooperação, a nobreza e o amor da união. Observemos que as colmeias são matriarcais, giram em torno de uma rainha Mãe; a realeza do poder genitor feminino, assim como Oxum é maternal, a divindade da fertilidade e da gestação.

O mel está associado à doçura, prosperidade e abundância. O simbolismo da abelha também representa o Cristo (amor e compaixão). Por outro lado, o seu ferrão relaciona-se à justiça e à verdade, ao qual Jesus foi fiel até o seu último suspiro humano. É o "ouro" vegetal, utilizado na dieta humana desde os primórdios. Quando usado em unção, busca a conexão com atributos de riqueza e progresso espiritual. As libações de mel, comuns na Umbanda, sob o manto vibratório de Oxum, visam firmar a ligação com os Guias e Falangeiros na coroa mediúnica dos adeptos. Também objetiva harmonizar o ambiente, acalmando os ânimos e unindo a corrente.

Oxum é a energia equilibradora de nossas emoções, que impulsiona a aproximação para com o próximo, abrindo nossa afetividade a um estado receptivo ao relacionamento com o outro. É força que higieniza nosso campo mental de cristalizações em pensamentos mórbidos e libera-nos de emoções desajustadas, gerando novas oportunidades e reciclagens para interagirmos com o meio que nos cerca, sejam psicológicos, sociais ou mentais.

É a estratégia implementada com doçura, mas não menos firme e determinada que qualquer outro Orixá do fogo. Os seus filhos de cabeça carregam grande sensibilidade mediúnica e geralmente são excelentes dirigentes de terreiro.

Atributos

Amor-doação, equilíbrio emocional, concórdia, complacência e fertilidade. Representa as águas cristalinas das cachoeiras, onde os indivíduos buscam lavar suas mágoas para que possam restabelecer o equilíbrio do coração amoroso, redespertando a autoconfiança e o autoamor. O amor pela vida!

Tipos psicológicos

São serenos, gentis, emotivos (choram com facilidade) e altamente intuitivos. Observadores dos sentimentos, usam-nos para alcançar seus objetivos. Em geral são envolventes e amigos. Apesar dessas características de comportamento, por vezes são desconfiados, indecisos e vingativos, sendo astutos para "jogar" com o emocional das pessoas. Preocupam-se com a higiene pessoal, gostam de estar sempre perfumados e bem-vestidos. Possuem uma força de penetração na natureza humana fora do comum, são psicólogos natos. Pela alta sensibilidade e apurado sentimento de amor, são exímios na magia e excelentes médiuns e dirigentes.

Aspectos positivos: graciosidade, bondade, julgamento sensato e boas maneiras.

Aspectos negativos: insatisfação, articulação da vingança, pois não esquecem uma traição ou ofensa, agarrando-se às lembranças e recordações do passado.

IEMANJÁ

Após a união dos arquétipos dos elementos primordiais (ar, terra, fogo e água), quando tudo estava feito e cada Orixá se encontrava "possuindo" a natureza criada, Oxalá, respondendo diretamente às ordens de Olorum, criou o ser humano. Os mitos de Oxalá ficam mais compreensíveis e nítidos quando estudados juntamente com os de Iemanjá. Em muitos enredos, esses dois Orixás estão juntos na Gênese Divina. Ambos representam, respectivamente, o ar e as águas de origem, nos primórdios da criação. Enquanto Oxalá é síntese do poder genitor masculino, Iemanjá representa o poder genitor feminino. Por essa razão, Iemanjá é a mãe da humanidade.

Orixá que rege as águas. No Brasil, ficaram consagradas as águas salgadas como sendo seu reino vibrado. Podemos fazer uma inferência com as profundezas dos oceanos como o arquétipo do nosso inconsciente, o nosso Eu Real ainda desconhecido. Seus poderes de realização agem sobre a maternidade (a mãe que educa) e a saúde mental e psicológica.

Existe uma narrativa mítica que descreve os cuidados de Iemanjá para com Oxalá, que se encontrava "fraco" da cabeça. Iemanjá cuidou de Oxalá, e ele se restabeleceu, sendo considerada assim a mãe de todos os Oris.

Preside a formação da individualidade e a percepção de si mesmo, regendo os processos mnemônicos alojados no inconsciente profundo que afluem para o consciente. Está presente em todos os ritos de firmeza e fortalecimento de Ori. Em verdade, rege todas as águas do planeta, sejam de rios, lagoas ou mares. É a mãe de todos os filhos, a Mãe do Mundo. Vibra em todos os seios que amamentam protuberantes e cheios de leite quando o seu influxo vibratório – axé – não encontra bloqueios.

Iemanjá é o grande espelho da humanidade, matriz refletora dos arquétipos coletivos que nos educam, sobretudo para que exploremos as profundezas de nossas potencialidades inatas ao Espírito, adormecidas nas profundezas do inconsciente. Afinal, quando seremos deuses?

Atributos

Respeito e amor; desperta a Grande Mãe em cada um, a percepção de que podemos gerar "vida" e de que somos cocriadores com o Pai. Estimula-nos ao amor maternal, sem apego, fazendo com que seus filhos sejam cidadãos do mundo. Do mar provêm o sustento e a prosperidade, mas ela nos ensina que "o pescador, quando não pode ir ao mar, conserta suas redes", ou seja, há tempo para tudo! Ensina-nos a lidar com as adversidades! Ela é a "Grande Mãe de todos os Oris" (cabeças)!

Tipos psicológicos

Podem ser imponentes, majestosos, dignos, calmos, sensuais e fascinantes (o canto da sereia). As filhas de Iemanjá são boas educadoras, organizadas no lar e dadas ao relacionamento social familiar; elas criam filhos adotivos com amor! Porém, tendem a ser vingativas e a ter dificuldade de perdoar as ofensas, pois geralmente são ciumentas e possessivas com as pessoas que amam.

Aspectos positivos: prosperidade e abundância em todos os sentidos; acolhimento, zelo (preocupação com o bem-estar dos que ama), sentido de união, humanitarismo, criatividade, procriação no sentido de progresso (evolução).

Aspectos negativos: avareza, rejeição, medo, apego, posse excessiva (paralisando o progresso), mesquinhez e insensibilidade.

NANÃ

Orixá de origem simultânea à gênese mítica nagô – a água parada, quando o "saco da criação" foi trazido para o planeta, que já estava feito, no ponto de contato entre o elemento aquático e a terra, a lama e os pântanos, fundamentos de Nanã. Afinal, fomos criados por Oxalá pelo barro primordial, emprestado por Nanã, e a terra nosso corpo físico retornará. A nossa essência – mente/Espírito – se liberta e volta ao Orum – plano sobrenatural.

Nanã é Orixá primevo, que participa diretamente da "fabricação" cósmica dos Espíritos. Quando nossa essência sagrada, chispa divina, foi criada, ela veio gradativamente sob um influxo (impulso) incontrolável que a fez rebaixar-se até os planos das formas, notadamente ao mundo astral. Daí a necessidade de formação do corpo astral, veículo adequado à manifestação da consciência – Ori – nessa dimensão vibratória, que consequentemente é o molde que modela nossos corpos físicos.

A porção de matéria primordial astralina que se aglutina no entorno do corpo astral, "penetrando" nosso perispírito e dando forma orgânica aos nossos atuais corpos humanos, é o "barro" que Nanã emprestou para Oxalá, o Oleiro Divino, modelar-nos. Esse *quantum* de energia condensada retornará à mãe terra, domínio vibracional de Nanã, após a morte física. A "massa" fornecida no começo da nova vida humana retorna à sua origem quando finda nosso tempo terreno.

Nanã é o "ventre" mãe de todas as gerações, pois ela forneceu o barro primevo para Oxalá "fabricar" os corpos humanos. O processo de travessia da dimensão material para o plano espiritual, a viagem final que nos levará a aportar do "lado de lá", como se atravessássemos um rio de lado a lado, é regida por esse Orixá. Somente o desencarnado "desocupa" a crosta terrena, deixando de estar morto igual a um andarilho entre vivos encarnados, quando o portal de Nanã, que dá passagem à nova morada, for aberto.

É a mais antiga das "divindades" das águas, das fontes hídricas subterrâneas que fertilizam a terra, representando a memória ancestral da criação divina. Nanã é o princípio, o meio e o fim da existência terrena humana; o nascimento, a vida e a morte. É o começo, o barro e o solo fértil gerador de alimentos; é o meio, o organismo saudável que propicia a realização dos destinos humanos no plano concreto; é o fim do ciclo, o cadáver em putrefação que vira húmus que alimenta a terra e a renova para o reinício de outro ciclo de renascimento, seja aqui, seja do "lado de lá".

A morte faz parte da natureza, da impermanência cósmica que permeia todas as formas criadas, condição para todos os reinícios, em que o fim e o recomeço se tocam, até que acordemos para a verdadeira realidade do Espírito imortal.

Atributos

Calma, benevolência e misericórdia. Nanã é o momento inicial em que a água brota da terra ou da pedra. É a soberana de todas as águas, mas é também a lama, a terra em contato com a água; é o pântano, o lodo, sua principal morada e regência. Ela é a chuva, a tempestade, a garoa. Nanã é a mãe, boa, querida, carinhosa, compreensível e sensível; a senhora da passagem desta vida para a outra, comandando o portal mágico, a passagem das dimensões.

Esse Orixá relembra nossa ancestralidade mística, o momento em que fomos criados Espírito. A água foi necessária na Terra para a geração da vida, tendo o barro ou a lama um simbolismo correspondente ao momento em que fomos "feitos" pelo Pai. Assim, Nanã é considerada a Grande Mãe. Ela reconduz os Espíritos desencarnados ao mundo espiritual, aconchegando-os em seus braços.

Tipos psicológicos

Podem ser tímidos e, ao mesmo tempo, serenos. Por vezes, são severos nos seus valores morais e austeros na educação da família. Não raro, são rabugentos, o que os fazem ser temidos. Geralmente, não são sensuais e não se ligam às questões da sexualidade. Outras vezes, por medo de serem amados e virem a sofrer, dedicam-se com afinco à profissão, sendo dispostos à ascensão social. Quanto à calma e à lentidão que lhes são peculiares, nos momentos das decisões, acabam gerando conflitos com pessoas ativas e dinâmicas. Em equilíbrio, são pessoas bondosas, simpáticas, bonachonas e dignas de confiança.

Aspectos positivos: sensatez, perseverança, ordem, objetividade, paciência, respeitabilidade e calma. Sem pressa para realização, o tempo não os aflige. São benevolentes, gentis, mansos, como se fossem bons e amorosos avós.

Aspectos negativos: conservadorismo extremado, preguiça, avareza, indiferença, estupidez. Demorados, teimosos e rabugentos, adiam as decisões e podem ser vingativos.

OXALÁ

É o Orixá detentor da regência sobre a atmosfera. No sentido esotérico profundo, é o responsável pela aura planetária. Representa o poder criador masculino, o pai de todos. Foi Oxalá que estabeleceu na "morte" o grande nivelador universal, igualando todos que fazem parte do ciclo da vida humana terrena. Até que desenvolvamos o amor fraterno, sem egoísmo, reencarnaremos com prazo de validade, com o tempo de nascer e morrer cronometrado no relógio cósmico do mundo de ilusão, para que despertemos para a realidade do Espírito imortal.

Todas as representações simbólicas desse Orixá incluem a cor branca, que significa a fonte inseminadora de todas as formas de vida, elemento-base primordial da criação, a "massa" primeva de ar e água, a protoforma que foi a substância fundamental para a "fabricação" das criaturas no planeta. Oxalá é o rei do pano branco, pois essa cor contém todas as demais cores. Da sua força dependem todos os seres que habitam a psicosfera terrena, encarnados e desencarnados. Mostra-nos a brancura do indeterminado, logo, os começos e as possibilidades de criação. Afinal, não por acaso a mitologia contempla Oxalá com o epíteto de Oleiro Divino.

Os enredos narrados nos mitos da criação iorubá relatam que foi Oxalá o primeiro Orixá encarregado por Oludumarê (Deus), para criar não só o Universo, mas todos os seres vivos sencientes que existiram nos mundos. Assim, Oxalá é o Pai da Humanidade, partícipe da gênese divina e síntese do poder genitor masculino.

Não por acaso, o esperma é branco, e esta é a cor representativa desse Orixá no microcosmo humano. No macrocosmo, nos primórdios da origem dos mundos manifestados na forma, pairava uma massa plástica (moldável pela vontade divina) etéreo-astral "esbranquiçada". A partir da "manipulação" junto aos primeiros elementos eólicos formados e condensados dessa massa primordial rarefeita, o poder volitivo desse Orixá estabeleceu condições propiciatórias básicas ao futuro surgimento da vida humana – assim Ele criou o ar e depois a água no planeta.

Atributos

Fortaleza e paciência, estabelece a ligação com a espiritualidade e leva ao despertar da fé e à compreensão do "religare" com o Cristo interno. Oxalá é o Pai de todos os Oris (cabeças), assim como Iemanjá é a Grande Mãe!

Tipos psicológicos

São bondosos, serenos, prestativos, pacientes e sábios. Perante certos obstáculos da vida, podem ser lentos em suas decisões, distantes e fechados, mas são persistentes e não gostam de fazer alarde. São aparentemente frágeis, um tanto delicados. Por outro lado, essa aparente fragilidade psíquica é compensada com uma enorme força moral, o que os faz fortes diante das fraquezas humanas, dos doentes e oprimidos. São pessoas altruístas e dedicadas a uma causa social, de ajuda aos injustiçados e aos oprimidos.

Aspectos positivos: devoção, fé, abstração meditativa, ligação com o espiritual, calma e serenidade "aparente". São asseados mental e fisicamente, caseiros e amigos acima de tudo. Com eles, rege a tranquilidade, o silêncio e a paz no ambiente.

Aspectos negativos: fanatismo, teimosia, isolamento, desprezo pelo material, melancolia, impaciência, ira, crueldade. São muito orgulhosos.

20
Como devo meditar?

É muito importante a regularidade na prática da meditação. É um teste de persistência e força de vontade, por isso a maioria desanima e desiste facilmente. Naturalmente, ao nos sentarmos para a prática, teremos enorme dificuldade de acalmar a mente. O condicionamento mental sensório aos constantes estímulos dos sentidos e a gradativa ausência destes, com o passar do tempo e a persistência na tentativa de meditar, farão a mente se agitar cada vez mais, como uma criança chorosa por terem tirado seu pirulito da boca.

Após termos organizado nossa agenda diária incluindo o tempo necessário à meditação, preferencialmente de 30 minutos durante duas vezes ao dia – escolhendo um horário propício pela manhã e outro ao final da tarde ou início da noite –, é necessário que combinemos com os familiares para não sermos interrompidos durante a prática. Isso é muito importante, pois não é incomum, por exemplo, o cônjuge se "incomodar" por não ter mais a atenção naquele momento. Da mesma forma, filhos(as), netos(as) e outros familiares que dividem o mesmo teto precisam respeitar esse momento. Isso se resolve com muito diálogo, amorosidade e firmeza inquebrantável. Em contrário, assim como a galinha que bota um ovo com a casca quebrada não terá um novo pintinho, a proposta de prática meditativa não nascerá e morrerá na "casca" da tentativa frustrada. Em verdade, é um exercício de empoderamento conquistar esse espaço e respeito no núcleo familiar.

Harmonizado o ambiente com a família, um segundo desafio é providenciar um local só para a meditação. É altamente recomendável ter uma peça na casa ou um pequeno canto usado somente para essa finalidade. Esse local deve ser confortável e arejado, preferencialmente com boa ventilação e incidência de luz solar. O terceiro desafio será a elaboração de um altar pessoal nesse espaço, ornamentado em concordância com a afinidade do praticante, com algum objeto símbolo que remeta ao nome e à forma de Deus de sua devoção. Para os que têm dificuldade de se sentar em uma almofada no chão, uma boa cadeira com encosto firme serve muito bem.

Iniciando a prática, sente-se confortavelmente nesse ambiente silencioso, procure uma posição tranquila com a coluna ereta. As costas apoiadas no espaldar da cadeira e as mãos sob as pernas viradas para cima. Os pés devem estar apoiados no chão sem forçar nenhuma das pernas. A posição da coluna vertebral, verticalizada, com os ombros levemente para trás, como se abrisse um arco nas costas entre as omoplatas, é um fundamento indispensável para a correta movimentação da energia vital ao longo da coluna vertebral. Lembre-se de que a sua atenção estará fixa no intercílio, no início do nariz e final da testa. Assim, a energia irá atrás do ponto de concentração, subindo ao longo da coluna vertebral. Se os sentidos estiverem agitados, haverá "bloqueios" nos chacras e não fluirá a energia para cima. Os olhos podem estar levemente abertos e direcionados para o intercílio, todavia sem os forçar.

A respiração deve ser lenta, pausada e rítmica, tanto na inspiração como na expiração. A tradição que seguimos não recomenda nenhum tipo de retenção do ar entre a inspiração e a respiração, embora algumas poucas e sérias escolas a indiquem, mas sempre realizadas com o acompanhamento de um mestre abalizado.

Fique com os olhos fechados ou levemente abertos – em caso de sonolência –, acompanhe por alguns minutos, sem julgar, a própria respiração e não dê atenção aos pensamentos. Após aproximadamente 10 minutos de harmonização pessoal, observando o som da respiração e deixando os pensamentos agitados irem embora, faça uma leitura inspirativa antes de iniciar a prática. Um texto de um mestre autorrealizado da preferência do devoto, preferencialmente que oriente o ser humano para o seu autoconhecimento e comunhão com Deus. Indicamos as obras de Paramahansa Yogananda, especialmente *Onde existe luz* para os iniciantes na meditação.

Existem muitos tipos de meditação, dependendo de cada tradição. No escopo desta obra, sensível ao contexto devocional do brasileiro e mantendo os ensinamentos, as observâncias e os preceitos do método consagrado na tradição da ioga clássica indiana, vamos meditar com os atributos dos Orixás. Poderiam ser outros atributos de quaisquer deidades ou divindades, tanto pessoal ou impessoal. A escolha pessoal do objeto da meditação, seja tangível ou intangível, não altera o método consagrado que adotamos. O que verdadeiramente importa para Deus é a transformação interior dos devotos praticantes, independentemente da sua predileção religiosa. Entendemos a meditação num Deus impessoal muito difícil ao senso comum vigente, por isso não indicamos para os iniciantes nesta atual era de dispersão mental da humanidade

Para concluir este capítulo, vamos fazer uma meditação guiada juntos? Vamos lá!

Meditação guiada

Sente-se em seu local de meditação conforme orientamos. O objetivo desta meditação é a comunhão com os atributos da Mãe Divina em Iemanjá, no seu ponto de força.

Imagine que você está sentado na areia da praia em frente ao mar. Uma suave brisa alisa seus cabelos e acaricia sua pele. A areia sobre suas pernas está levemente morna pela ação do Sol. As ondas vão e vêm calmamente e terminam tocando os seus pés. Inspire e expire profundamente, sincronizando o movimento de inspiração e expiração com o movimento das ondas. Ao inspirar, as ondas vêm ao seu encontro; ao inspirar, elas voltam no repuxo para o mar. Sinta que sua respiração se une com o vir e ir das ondas. Fique concentrado nesse movimento.

Deixe os pensamentos que entrarem em sua mente irem embora com o refluxo das ondas. Desapegue, solte, entregue para o mar todas as emoções negativas que acompanham esses pensamentos. Conforme o tempo for passando e você repetir essa prática, os pensamentos intrusos vão se espaçando, e o seu nível de bem-estar e confiança aumentará. Do mesmo modo, a mestria pessoal sobre a mente sensória vai se fortalecendo, o ego ilusório vai diminuindo, e o Eu real vai ganhando força na consciência.

Deixe-se fundir com o oceano, mergulhe sem medo em suas profundezas, permitindo que o refluxo das ondas o levem. Observe que essa "fusão" é com Deus como Mãe Divina. As profundezas do oceano simbolizam o útero divino e o seu próprio inconsciente. A sua Alma em essência (Purusha) é feita da mesma vibração divina do Supremo, assim como a água do rio que encontra o mar é a água do mar. Permita-se ficar nesse "silêncio" interior e sinta sua consciência expandir e se tornar a totalidade deste Oceano Cósmico Divino.

Você é o Orixá, e o Orixá é você.
Você está em Iemanjá, e Iemanjá está em você.
Você é Iemanjá.
Tudo pulsa numa mesma sincronicidade, e você flutua, leve, sereno e feliz no interior – útero – da Divina Mãe.
Absorva seus atributos da mesma forma como absorve o ar. Para isso acontecer, permita-se ser absorvido.
É dando que se recebe.
Desapegue-se... Solte-se... Não seja o controlador.
Esteja no mar sagrado e permita que a brisa o conduza!

Com meu barquinho...
Eu vou navegar
Vou pedir à Mãe Iemanjá
Um pouco d'água para me ajudar

21
Prática: meditando com recitação dos atributos dos Orixás

O objetivo dessa prática regular é treinar para a união (ioga) da Alma com o Purusha – Orixá; disciplinando a mente e diminuindo, gradativamente, a influência da realidade relativa do complexo ego x personalidade transitória. A absorção dos atributos divinos dos Orixás clarifica o discernimento e nos mostra a realidade absoluta do propósito de nossa vida para além dos limites passageiros da realidade material, instável e relativa. Desperta a intuição e, por consequência, nos faz mudar de hábitos.

Enfeixados com a Inteligência Superior por intermédio da intuição discernidora, fortalecemos os corpos astral e etérico, criando um escudo energético de proteção. A simples recitação receptiva e concentrada na meditação por meio de afirmações positivas dos atributos divinos, perfeições e bem-aventuranças dos Orixás pode, e deve, com o tempo alicerçado numa prática disciplinada, nos conduzir a estados superiores de consciência e, finalmente, à liberação da escravidão e da impermanência do ego consorciado com a mente sensória.

Distribuímos os atributos dos Orixás por dia da semana. A cada sete dias, o ciclo reinicia. É uma mera organização da prática. Você pode fazer alternadamente ao seu modo e ainda se fixar em determinado atributo do Orixá, se estiver precisando fortalecê-lo. Ainda, se for de sua predileção e índole espiritual, você pode adotar atributos e recitações de outras tradições com suas divindades ou deidades. O que importa é que o método fixa a essência dos atributos que se está interiorizando. Alertamos somente que não é de bom termo ficar mudando o ideal (nome e forma) de devoção, pois isso dificultará a memorização no subconsciente e a mudança de padrões antigos registrados.

O método em si é simples. O grande desafio é praticá-lo com disciplina.

Durante duas vezes ao dia – escolha um horário propício em sua agenda pela manhã e outro ao final da tarde –, sente-se confortavelmente, procure uma posição tranquila em um ambiente silencioso, mantenha a coluna ereta, os olhos fechados e acompanhe por alguns minutinhos – sem julgar – a própria respiração. Estando preferencialmente em frente ao seu altar pessoal, coloque um copo com água e acenda uma vela. Após uma prece inicial feita de coração, faça as afirmações apresentadas a seguir durante 10 minutos, no mínimo, inicialmente em voz alta e depois em sussurros e, por fim, uma recitação mental silenciosa.

SEGUNDA-FEIRA
EXU

Afirmação: Exu, senhor do ilimitado e das profundezas do inconsciente, auxilia-me para organizar meus pensamentos e perceber padrões mentais que bloqueiam minha prosperidade. Dá-me caminho para me conhecer e vencer.

Interpretação: o Orixá Exu atua nas profundezas de nosso ser, abrindo saberes internos que carregamos de vidas passadas para que o nosso senso de percepção se amplie. Ele é o senhor dos caminhos, Èsù Oló Ònan, ou Olonan, indicando-nos o roteiro de nosso propósito de vida. Também é o executor dos destinos, fiel guardião da casa de Oxalá, que atua acima das dualidades humanas. Tem ação retificadora (nunca punitiva) sempre que nos afastamos da nossa essência ou dharma – daquilo que temos que vivenciar dentro da Ação Maior Divina. Quando agimos corretamente conforme nosso propósito de vida, fortalecemos os atributos de Exu em nós, atraindo prosperidade e abundância. Em contrário, enfraquecemos e atraímos escassez, contrariedades, "azares" e quizilas.

TERÇA-FEIRA
OGUM

Afirmação: Pai Ogum, que o meu poder de vontade seja ativado por tua Vontade, para que eu seja vitorioso contra os meus medos e diante dos desafios da vida.

Interpretação: há um ditado antigo que diz: "Quando você dá o passo, Deus coloca o chão". Essa é a energia propulsora da conquista, o impulso da ação, do poder da vontade pessoal. É a força (luta) inicial para que haja a transformação; é o ponto de partida, aquele que está à frente. Deus ajuda quem se ajuda, e o Amparo Divino começa com a vontade do indivíduo fortalecida.

QUARTA-FEIRA
XANGÔ IANSÃ

Afirmação: Xangô, pai da justiça, amplia o meu discernimento para entender com clareza as consequências de meus atos, fruto de ações incorretas que me distanciam da Lei Divina de Causa e Efeito.

Afirmação: Iansã, senhora dos ventos, clareia minha mente e leva embora pensamentos escuros e ruins. Quebra a minha rigidez interna e resistência à mudança e faça-me receptivo a novas ideias e valores de vida.

Interpretação: é tão fácil perceber a dificuldade alheia, decidir qual atitude o outro deve tomar, resolver os problemas que não são nossos, criticar e espalhar a maledicência... O ser humano não costuma olhar para si mesmo e avaliar a sua conduta diante da vida e do próximo. Para cada ação, há uma reação, seja positiva ou não. Por isso, é preciso ter flexibilidade diante da vida, ter misericórdia para com a dor alheia, perdoar para se libertar, refletir sobre a capacidade de mudar, perceber qual a facilidade de aprender com a vida, estar em paz e equilíbrio com a Lei Divina para poder receber, por meio do merecimento pelo esforço empreendido para melhorar, as bênçãos que deseja alcançar.

Somos naturalmente resistentes a mudanças e não percebemos que estamos condicionados à força dos hábitos enraizados no subconsciente. O rejuvenescimento dos pensamentos passa pela reavaliação de nossa rigidez comportamental. Temos que nos tornar fluídos ao contínuo processo de mudança interna para que a espiritualidade se abra em nossa percepção.

QUINTA-FEIRA
OXÓSSI

Afirmação: Oxóssi, que sua flecha certeira fortaleça a meta divina do meu propósito de vida terreno, dando-me foco para acertar o alvo das escolhas corretas.

Interpretação: esse Orixá representa o aconselhamento; o poder da palavra em ação, o caçador de almas, o amor pela natureza e pela Criação; a necessidade de saúde espiritual e física; a renovação, a nutrição, a prosperidade em todos os sentidos. Devemos entender em uma linguagem simbólica que quando Oxóssi adentra na mata para caçar, ele está concentrado, observando tudo ao seu redor, em silêncio... Ele tem um arco e flecha, portanto, não pode errar o alvo. Nesse momento, ele tem olhos de ver e ouvidos de ouvir! Ele está com si mesmo, atento e alerta.

Esse Orixá vibra com Jesus por ser o "caçador de almas", e Jesus fez dos seus Apóstolos "pescadores de homens". Oxóssi ensina que devemos ser buscadores de nós mesmos, de nossa essência, de olharmos além da matéria, pura e simples. Seu alvo é a Alma, o autoconhecimento! Representa o estado de contemplação, de plena harmonia e paz interior, onde reina o silêncio e a observação de si mesmo.

SEXTA-FEIRA
OMULU

Afirmação: Omulu, senhor das palhas, ajuda-me por misericórdia que eu consiga ter equilíbrio diante das transformações que a vida impõe, decorrência natural da Lei Cármica. Dá-me regeneração, evolução e saúde como Espírito imortal que Eu Sou.

Interpretação: Omulu não causa doença, ao contrário, ele a leva embora, a "devolve" para a terra. Corresponde à nossa necessidade de compreensão do carma, da regeneração, da evolução, de transformações e transmutações existenciais. Representa o desconhecido e a morte, a terra para onde voltam todos os corpos e que não guarda apenas os componentes vitais, mas também o segredo do ciclo de nascimento e desencarne. É o Orixá da misericórdia, estando presente nos leitos dos hospitais e nos ambulatórios. Sua invocação, nos momentos dolorosos das enfermidades, pode significar a cura, o alívio e a recuperação da saúde, de acordo com o merecimento e em conformidade com a Lei Divina.

SÁBADO — OXUM / IEMANJÁ

Afirmação: Oxum, amada Mãe Divina, dá-me candura para ter riqueza emocional interna e não sucumbir pelos sentimentos negativos de fora que convivo todos os dias.

Afirmação: Iemanjá, amada Mãe Divina, fortalece-me no teu amor incondicional e no respeito a todos os familiares, para que eu consiga viver harmoniosamente com eles nesses momentos de maiores aflições.

Interpretação: Oxum e Iemanjá expressam Deus na polaridade feminina, afinal estamos no mundo de dualidades. A Mãe Divina é a expressão do amor puro. Se Deus é a exatidão da Lei de Causa e Efeito, também é o amor misericordioso impossível de ser medido, inesgotável amor que se oferta, intercede, auxilia, dá a mão, abraça e conforta.

Quando vibramos o amor de Oxum, encontramos o tesouro emocional interno, de equilíbrio e candura. Quando vibramos no amor de Iemanjá, não nos entediamos nem nos irritamos por estarmos "confinados" em família, e sim agregamos e fortalecemos a união e o respeito entre todos. O amor da Mãe Cósmica é a Graça Divina que jorra do Alto para todos igualmente.

DOMINGO — NANÃ / OXALÁ

Afirmação: Nanã, mãe das mães, encaminha as dores de minha Alma em teus braços e renova-me em saúde espiritual.

Interpretação: os atributos de Nanã, simbolicamente, são os da avó amorosa que embala o netinho no colo. Ao sentirmos as dores da Alma, não devemos nem podemos deixar de realizar nossos deveres, para que tenhamos os direitos que o Criador estabeleceu na execução de nosso propósito de vida – cada um tem o seu. O poder de renovação celular, orgânico e etérico, é de Nanã, como água limpa e fresca que rega a terra e dá-lhe fertilidade.

Afirmação: Oxalá, dá-me paciência e fé, para que não me falte devoção e humildade diante dos teus desígnios.

Interpretação: a impaciência gera irritação. As síndromes coletivas são resultados das emanações psíquicas, emocionais e mentais da coletividade humana. Aceitar, todavia sem ser passivo, as diretrizes de Oxalá e do Governo Oculto dos Mundos fortalece-nos a humildade e mantém nossa devoção alta, para continuarmos vibrando e agindo positivamente. A confiança no Alto é "vacina" divina que imuniza o duplo etéreo, protegendo-nos de enfermidades.

22
Dicas e explicações para os iniciantes na meditação

Elaboramos algumas dicas e explicações sobre a meditação para os que estão iniciando a prática. Infelizmente, a maioria desiste antes de completar o primeiro ano. Esperamos assim contribuir para que você crie e consolide o hábito de meditar regularmente.

Meditação faz parte da ciência milenar espiritual iogue

Assim como não existe aspirina sem o ácido acetilsalicílico, similarmente não existe meditação fora do contexto ióguico. Meditação faz parte da ioga. Embora a modernidade ocidental pratique uma meditação à parte, com outros fins, inclusive o de preparar melhor soldados para a guerra, o objetivo da meditação na tradição fidedigna da ioga é treinar a consciência para a união com o divino.

No início, a meditação guiada é válida, e há muitas hoje disponíveis nas redes sociais. No entanto, com o tempo elas podem se transformar em "bengala", condicionando a mente e a tornando dispersiva se for feita em total silêncio. Procure se acostumar desde cedo a ficar em silêncio na sua prática meditativa. Preferencialmente, siga um método consagrado por um Mestre verdadeiro, como Paramahansa Yogananda. Sugerimos também aos iniciantes a leitura do livro *Onde existe luz*, desse Mestre.

Somente para Espíritos antigos é fácil, que já a praticavam em muitas outras vidas, e raramente a meditação é fácil para iniciantes

Isso significa que meditação é difícil para todos nós, mas não é impossível. Quando você afirma que não consegue, que é muito difícil, pode estar indicando que lhe falta perseverança e vontade direcionada. Para vencer as armadilhas da mente inquieta, será necessário muito esforço no início e quase nenhum resultado, mas você fortalecerá o seu poder pessoal de escolha nesse período, chave para a vitória no primeiro ano. Depois de você domar a mente, como um cavalo manso, será mínimo o esforço, e os resultados serão muitos.

Um grande obstáculo é o desconforto do corpo, que deve ser vencido, mais uma vez, com vontade e disciplina

Para tanto, existem as posturas de relaxamento que desoprimem a energia nervosa acumulada ao longo da coluna vertebral que bloqueia o relaxamento corporal. Essas posturas não são ginástica e devem ser feitas com a consciência da energia que se está trabalhando. Na maioria das vezes, duas ou três posturas básicas são o suficiente para um estado de distensionamento da coluna vertebral e demais pontos de bloqueio energético do organismo. Postura, principalmente, significa estar sentado confortavelmente, mas não muito para não dar sono. Manter a coluna ereta, sentado numa cadeira com as mãos apoiadas sobre as pernas, na maioria dos casos, é o suficiente.

Agitação mental se caracteriza por muitos e acelerados pensamentos

Na fase inicial da meditação, sobretudo no primeiro ano, o treino consiste em colocar a atenção como observadora e deixar os pensamentos irem embora. De forma alguma meditar é não pensar em nada, é sim deixar os pensamentos irem, se desapegando deles, aumentando o espaço de tempo entre um pensamento e outro, e assim se prolonga a quietude mental. Sem dúvida, meditar começa em concentrar-se e não dar atenção aos pensamentos, o que não significa rejeitá-los. Para tanto, um nome e uma forma de Deus são altamente recomendáveis. Ao fixarmos a atenção na imagem e nos atributos da divindade, não damos atenção aos pensamentos.

Com o passar do tempo, cada vez mais sua mente estará treinada para entrar naquele estado de "vacuidade", de silêncio, sem quaisquer impressões dos sentidos entre um pensamento e outro. A tendência é de espaçamento gradativo entre um pensamento e outro. É importante esclarecer que esse estado de "vacuidade" não significa inexistência. Quer dizer tão somente que você está conseguindo se desligar dos estímulos da mente sensória e sintonizar com um estado mais profundo de consciência, que se "localiza" na verdadeira realidade; perene, permanente e imortal. Por essa razão, não tema não sentir o corpo físico, você não vai morrer ao não receber nenhum estímulo sensório dele. Em verdade, não receie morrer em nenhum momento, pois meditar é "matar a morte". Vá se preparando, pois todos nós teremos que "largar" o corpo físico mais cedo ou mais tarde. É melhor começar o treinamento agora!

Auto-observação é indispensável

Somente com autoanálise e auto-observação conseguiremos modificar hábitos que bloqueiam nossa união com o potencial divino da Alma. Ao treinar a mente para ficar em silêncio, naturalmente expande-se o senso de percepção de si mesmo e da discriminação intuitiva discernidora, clareando nosso lado sombra. Enxergarmos com os olhos da Alma e escutarmos sua voz no silêncio interior nos darão convicção do que temos de modificar em nós, o que paulatinamente "limpará" os condicionamentos negativos registrados no subconsciente.

Divagação é uma reação da mente que procura resistir ao observador – a atenção foge seguindo os pensamentos

É comum divagarmos durante a meditação. Isso ocorre com mais intensidade no início. O ego naturalmente não quer perder o controle, e a mente inquieta é seu reflexo. O esforço intencional de atenção – concentração – paradoxalmente exige que não se dê atenção aos pensamentos, fortalecendo paulatinamente o *observador interno*, o olhar da Alma sobre o pequeno eu personalístico. Ocorrerão "escapes" da atenção, assim como a água escorre entre os dedos.

A divagação é inimiga da concentração, similarmente ao macaco desatento que persegue uma banana jogada na estrada e não vê o automóvel passando. Sempre que você se deparar com uma divagação, ou seja, você está imerso num pensamento que pode ser uma imaginação, uma memória, uma fantasia etc., suave e firmemente solte-a e retorne a sua concentração. No início, a mente é como um cachorro de rua que faz o que quer e não obedece a seu dono. Com o tempo e tendo perseverança, você domesticará esse cão indisciplinado.

Não se pratica meditação sem treinamento da mente

Esse é o requisito básico para se conseguir meditar. É você quem manda na sua mente ou é a mente quem manda em você? Se os seus hábitos são reis e rainhas em suas escolhas e você é súdito deles, você é prisioneiro de si mesmo. Treinar a mente requer recondicionar todos os hábitos negativos; autossabotagens, medos, escapes, máscaras etc. A mente é uma parte minúscula da consciência, por isso, quanto mais você for mestre de si mesmo, mais conseguirá acessar estados profundos dessa consciência, o tesouro oculto que nenhuma traça do tempo e da impermanência consegue roer. Esse estado profundo de percepção da consciência é sua própria Alma, e a chave de acesso é a ciência da meditaçãoióguica.

É necessária a construção de um caráter elevado para libertar a mente da força dos hábitos que a escravizam

Hoje muitos usam a meditação sem nenhum esforço para a construção de um caráter melhor. É possível conseguir grande concentração e magnetismo pessoal meditando, o que não quer dizer que houve uma espiritualização do indivíduo ou um ganho de consciência divina. Um indivíduo pode continuar sendo um sedutor, assassino, político corrupto, controlador, autoritário e meditar com afinco. Meditação desvinculada da ciência da ioga e de uma prática espiritual é somente mais uma ferramenta de fortalecimento do ego. Aliás, dessa maneira você pode fortalecer hábitos negativos e realizá-los com mais eficiência: conquistar, enriquecer, dissimular e até matar.

Sonolência é resultado de uma reação mental ao tédio

Há uma objeção por ignorância da mente que confunde quietude com não fazer nada. Condicionada a estímulos externos, a mente se entedia e confunde com sonolência. Quanto mais a pessoa for condicionada às oscilações mentais por estímulos externos – como o fumante que se agita ante a ausência do cigarro, o beberrão que anseia a sensação da bebida descendo pela garganta, o sexólatra que gasta fortunas na noite, o glutão dominado pelo estômago insaciável –, mais ela se entediará com a meditação, que faz o movimento inverso, para dentro, contendo os apelos dos sentidos externos que dominam a mente. Existem pessoas que ficam entediadas se a televisão não estiver ligada em casa ou se não tiverem acesso à Internet.

A mente, por ignorar a potencialidade de bem-aventurança da Alma, confunde silêncio e quietude com não fazer nada, pois desconhece a enorme ação, energia e esforço que é mergulhar em si mesmo. A sonolência é a primeira e mais comum reação para esse tipo de personalidade, que literalmente dorme na meditação. Muitas pessoas facilmente desistem por se sentirem entediadas e procuram outras atividades que lhes propiciem estímulos exteriores. Alguns destes estão presentes nos ritos religiosos externos, que agitam a mente, mas propiciam uma breve catarse do corpo emocional, causando-lhes um bem-estar passageiro, não impondo quaisquer esforços de autoconhecimento.

Ao relaxar o corpo, vem a sonolência devido a um condicionamento que se confunde com a hora de dormir

Deve-se resistir a essa sonolência e descondicionar a mente da apatia. Meditar não é cochilar, mas existe uma similaridade entre um cochilo e a meditação. Ocorre que durante o cochilo você está num sono leve que "recolhe" os sentidos, e esse mesmo recolhimento dos sentidos deve acontecer para você de fato meditar. Só que na meditação profunda não dormimos, embora nossa percepção dos sentidos e do corpo se ausente. Por isso, é importante estarmos sentados com a coluna ereta, pois se cochilarmos acordaremos com o movimento do tronco e da cabeça. Com a continuidade da prática, a mente se descondiciona de cochilar. Obviamente que ao se sentar para praticar o indivíduo não deve estar muito cansado ou com o estômago cheio, pois naturalmente ficará sonolento. É recomendado que façamos a primeira meditação de manhã, em jejum, para um melhor aproveitamento da prática.

Os sentidos (visão, tato, audição, paladar, olfato) chamam a mente para fora e despertam memórias e fantasias que bloqueiam a quietude da mente necessária à meditação

Ao meditarmos, podemos escutar um sabiá cantando e entrarmos numa divagação, por uma memória ou fantasia que vem à tona de uma estadia numa cabana num local de floresta com muitos pássaros. Essa é só uma possibilidade de infinitas que podem acontecer e bloquear a quietude da mente. Temos que ir soltando lembranças e expectativas fantasiosas, não nos deixando deslocar para o passado ou fazer projeções para o futuro, assim como devemos nos manter atentos ao presente, e não se apegar a nenhuma ideação e pensamentos.

Não devemos ainda ter expectativas de resultados rápidos nem esperar da meditação um entretenimento espiritual com a manifestação de luzes celestiais, santos e divindades. Embora isso possa acontecer espontaneamente, não é o objetivo da meditação nem deve ser o desejo do praticante. Visões reais vêm por avanço espiritual prolongado e constante no tempo. Para os iniciantes evitarem essas experiências prematuras, que na maioria das vezes não passam de alucinações – imaginação visual do subconsciente –, é útil manter os olhos semiabertos e fixos firmemente no intercílio – o local de concentração e percepção superconsciente verdadeira.

O treino repetido de concentração fortalece a vontade e enfraquece a identificação com as oscilações da mente

As oscilações da mente são os pensamentos flutuantes, como marolas num lago. Ao não se identificar com essas flutuações, você fortalecerá a concentração, e com a prática diária de meditação, sua vontade também ficará mais forte. É muito importante praticar!

Há uma história ilustrativa disso. Um gato e uma raposa se encontram na floresta e conversam entre si. A raposa pergunta para o gato qual era o seu plano de fuga se aparecesse um leão faminto. O gato diz que o mais simples e rápido, o que ele sabe fazer bem, seria subir bem alto na árvore mais próxima. A raposa lhe apresenta um caderno com anotações de diversos planos de fuga. Eis que surge um leão faminto em direção de ambos, o gato rapidamente sobe na árvore enquanto a raposa, atrapalhada, folheia o caderno para escolher a melhor rota de fuga. O resultado é previsível. Alegoricamente, o gato é o praticante regular da meditação, e a raposa é aquele que já leu todos os livros e sabe tudo de ioga e meditação, mas que pouco pratica – é engolido pelo leão da mente faminta por experiências sensórias.

O iniciante mal orientado pode sofrer um processo abrupto de despersonalização, gerando uma catarse por algum registro traumático no subconsciente

Na maioria dos casos, o principiante desiste por apego à personalidade egoica... "Sempre fui assim, não vou mudar", decreta para si mesmo, criando aversão à meditação e desistindo de se auto-observar e se autoconhecer.

É muito importante adotarmos métodos genuínos e práticas de meditação verdadeiras, consagradas na ioga clássica oriental. No Ocidente, a literatura de Paramahansa Yogananda é um meio seguro para se iniciar. Adotar os ensinamentos de um Mestre Autorrealizado é caminho que comprovadamente seguro, pois é transmitido de mestre a discípulo há milênios. Quando iniciamos o processo de autoanálise e auto-observação com a meditação, é possível que haja catarses, pois certas disposições do subconsciente vão se liberar. É natural que isso aconteça com mais intensidade no início e sinaliza progresso do praticante. Esses registros aflorados, impulsos psíquicos mais profundos, podem gerar um "estranhamento" no sujeito consigo, o que o leva a não se reconhecer, entrando assim numa negação e, ao mesmo tempo, enfraquecendo a referência do ego *persona* atual. Isso deve ser transitório e serenamente encarado de frente, sem medo, com sentimento sincero e honesto de autoperdão.

Todavia, se não existe um método seguro de meditação, com boa e firme orientação, com respostas esclarecedoras sobre as diversas nuanças de nosso lado sombra, o sujeito pode cair numa severa negação e se apegar ao padrão gerador de hábito destrutivo, não compreendendo a prática de meditação e abandonando-a definitivamente. O efeito pode dar um "rebote" – fortalecer o padrão causal vibrante no subconsciente. Isso acontece quando a atual estrutura de personalidade é fraca de vontade e de caráter. É facilmente sugestionável para não mudar e prefere dar continuidade ao seu atual modo de ser – por forte apego vigente. Objetivamente, o indivíduo resiste à mudança interna, e sua mente e ego rendem-se definitivamente ao condicionamento dos hábitos adquiridos, tanto em relação ao estado vígil atual quanto aos impulsos do passado que ressoam no subconsciente, o influenciando e determinando o seu comportamento, assim como um cão adestrado obedece cegamente ao seu dono.

O apego à personalidade ego bloqueia a entrega que sustenta os estados mais profundos de meditação que acessam a consciência perene: o Eu Sou, o Self

Gera medo do "vir a ser" percebido como uma ameaça desconhecida. Assim como uma corda à noite no chão é confundida com uma cobra, similarmente o medo da morte, por associação equivocada, gera a falsa percepção de inexistência. Uma objeção por ignorância que paralisa o amadurecimento espiritual.

O indivíduo abandona a prática da meditação e, muitas vezes, rejeita o professor ou o grupo por medo do desconhecido, por medo de se conhecer de fato. É uma objeção por ignorância fortalecida por forte complexo de inferioridade do ego, que se sente ameaçado e rejeita a possibilidade de mudança e o estabelecimento de um novo modo de ser enfeixado com o potencial da Alma. A pessoa se apega ao si mesmo egoico, a estrutura de personalidade atual baseada em memórias, fantasias e crenças limitantes. Não confia, não se entrega, tem que estar no controle. O medo a domina, e ela não luta. Covardemente se deixa dominar, arrumando várias desculpas, escapes psicológicos e autossabotagens, para não continuar com a prática da meditação.

Não tema morrer... Morremos diariamente

Há continuidade existencial pela permanência eterna da consciência entre uma encarnação e outra. Somente a experiência direta com o Eu Sou – a Alma Perene ou Purusha – em meditação profunda quebra as amarras do condicionamento da mente-personalidade-ego aos hábitos e o forte apego ao corpo físico impermanente e transitório. A vivência direta em comunhão com o Purusha faz florescer uma nova consciência do ser real e a convicção interior que não morremos. O ser real existe eternamente muito além dos liames físicos. Somos uma consciência muito maior que a minúscula mente sensória associada ao ego ilusório.

A união da Alma com o Purusha/Orixá

A meditação no contexto da tradição da ioga clássica indiana é um treinamento para a morte. Não somente as nossas células corporais morrem a cada dia, mas nós podemos estar mortos para a vida espiritual e não percebemos. Quando o egoísmo, a vaidade, a cobiça, enfim, a egoesclerose dominam nossa mente e nos fazem perseguir os objetos efêmeros do mundo para empoderamento da personalidade, estamos mortos para a consciência do ser Espírito.

O preparo que a meditação nos conduz, à luz da ciência de autorrealização metafísica da ioga com os atributos dos Orixás, nos treina para deixarmos morrer o que nos mata espiritualmente: o ego esclerosado. A meditação, sob esse prisma, é a morte da morte. É o definitivo nascimento espiritual, o descortinar da realidade absoluta que permanece após a fadiga e o descarte do corpo físico impermanente.

A eliminação do egoísmo é condição indispensável para a autorrealização e comunhão divina. É impossível ter progresso no caminho espiritual escolhido sem a erradicação da natureza inferior humana. O essencial para uma vida espiritual é franqueza, compaixão, humildade, respeito pela vida e por todas as criaturas que respiram, pois Deus é o ar e a respiração, é o prana, o axé e o fluido cósmico universal.

    O praticante que em meditação profunda tem o *insight* de consciência da sua verdadeira natureza, provindo da fusão da percepção da consciência da Alma com o Purusha – Orixá –, verdadeiramente alcança discernimento pela experiência religiosa (*religare*) direta. Assim, dotado de discernimento, percebe que o real relativo impermanente não é o real absoluto permanente. Finalmente, enxerga que não é a matéria que forma o corpo físico, não são os sentidos nem as emoções, muito menos os pensamentos. É muito mais... É atemporal, eterno e imortal. Similarmente à luz que extermina a escuridão, o praticante adquire claridade de consciência e robustece o esforço pessoal, com ações vigorosas de autoanálise cada vez mais intuitivas e discernidoras, se liberando finalmente das inclinações equivocadas dos apelos mundanos.

    Como um balão que sobe impulsionado pelo ar quente, a Graça Divina flui do Alto, entra na sua cabeça pela nuca – a cada respiração – e da Coroa é distribuída e desce ao longo da coluna vertebral. A falsa impressão de separatividade morreu, e há a entrega total a Deus. Esse cidadão está em ioga – união ou comunhão – e sempre que medita profundamente renova essa consciência unificada. Respeita todas as deidades nos templos religiosos diversos. Humildemente, ele é um templo vivo, onde ele estiver Deus está com ele. Percebendo Deus em todos os seus pares, volta-se para o serviço humanitário e não mais admite frequentar um templo religioso com luxo e oferendas às deidades se "Deus fica do lado de fora", faminto e nu nos seus irmãos despossuídos.

    O Deus de nomes e formas finitas, inominável e infinito, nos chama à consciência do serviço. Deus serve o Cosmo infinito físico e metafísico. Por que não deveríamos igualmente servir? A quem devemos servir? Devemos servir a Deus. Como? Servindo ao ser humano. Cada pessoa é um templo vivo, e no seu altar mais íntimo tem uma Chama Divina. O Deus que habita o outro habita igualmente em mim.

    Estender a mão da caridade àqueles que se perderam no caminho espiritual, que estão em aflição, enfermos, desnudos, com sede e fome de espírito, é a essência da ioga, da união e comunhão, do santificar-se, do despertar dessa consciência adormecida de serviço! O serviço devocional é um caminho seguro para Deus se associado à devoção a Deus em todos os semelhantes, independentemente da religião terrena eletiva ao devoto, se houver uma. Observe que todos os santos de todas as tradições serviram na Terra, servem e servirão em todos os mundos habitados nas muitas moradas do Pai/Mãe Cósmico.

Temos os santos também na Umbanda, notadamente os Bentos e as Bentas, os humildes pretos(as) velhos(as), que com seus exemplos de comunhão com Deus nos chamam à renovação da consciência íntima, orientando-nos ao serviço libertador da prisão do ego esclerosado e individualista.

E você, já recebeu o chamado? O atendimento a esse chamado parte de um profundo sentimento interno de entrega a Deus.

E o que devemos entregar? Nosso próprio ser, pensar e pesares, emoções e sentidos, entregar com absoluta convicção, incondicional e indefinidamente. O cidadão comum, na hora da morte, entrega tudo que supunha que possuía para si e pouco serviu ao outro em vida. O ser espiritual realizado nada entrega na hora da morte, pois nada detêm, já entregou tudo em vida para as criaturas despossuídas. Quem é o rico e quem é o pobre?

A união da Alma com o Purusha, com o Cristo interno, nos faz ser o que de fato somos. Similarmente à semente que não se percebe como uma árvore, mas poderá dar frutos e sombra, potencialmente podemos e devemos germinar nossa Consciência Divina. No final dos tempos – na hora da morte –, deveremos ser um bálsamo para os doentes, curadores e servidores eternos.

"Afluindo uma grande multidão e vindo ter com ele gente de todas as cidades, disse Jesus em parábola: 'saiu o semeador para semear a sua semente. Quando semeava, uma parte da semente caiu à beira do caminho; foi pisada, e as aves do céu a comeram. Outra caiu sobre a pedra; e tendo crescido, secou, porque não havia umidade. Outra caiu no meio dos espinhos; com ela cresceram os espinhos e sufocaram-na. Outra caiu na boa terra e, tendo crescido, deu fruto a cento por um'. Dizendo isto, clamou: 'Quem tem ouvidos para ouvir, ouça'" (Lucas 8:4-8).

"Fomos chamados para curar as feridas, para reunir o que foi separado e para levar para casa aqueles que se perderam. Santifique-se e santificará a sociedade" (São Francisco).

Seja o mestre de si mesmo – a ioga definitiva com a divindade

Seja sincero, honesto e verdadeiro com a sua vida e com a sua prática espiritual, seja ela qual for. O Purusha é universal, está em todas as religiões e em nenhuma ao mesmo tempo, pois a sua verdadeira morada é dentro de cada indivíduo. Nunca imponha a sua fé, crença, devoção e religião a ninguém e não se sinta superior nem mesmo a uma minhoca ou fiapo de grama seco no chão. Tudo está em Deus, e tudo é de Deus. Desenvolva a consciência de sincronicidade e perceba-se fora do "aquário" dos dogmas e tabus religiosos. Você é uma consciência cósmica que, por enquanto, só percebe o microcosmo que vive a matéria devido aos seus limitados sentidos corpóreos.

Para que a nossa relação com Deus seja sadia e madura, é imprescindível que sejamos honestos com o nome e a forma escolhidos de Deus pela nossa afinidade espiritual, mesmo se sua escolha devocional for um Deus impessoal e imanifesto. Tanto faz, porque tudo é Deus, todos os nomes e formas e, ao mesmo tempo, ele é inominável e sem forma.

Tenha certeza de que Deus é onisciente, está em todo o lugar e tudo sabe. Experimente perceber isso em seu dia a dia, seja respeitoso com tudo que está criado e manifestado no plano da Terra e não se apegue a nada. Estamos numa dimensão impermanente que tudo se movimenta para a deterioração e renovação. No entanto, a nossa consciência é perene, imutável e imortal, independentemente dos corpos que ela ocupe.

Nunca tente enganar os outros e nunca minta. A verdade é uma das observâncias comportamentais mais importantes, junto com a não violência. Se mentirmos, estamos violentando nossa Alma e a nossa própria consciência antes de violentarmos o outro. É degradante para nossa espiritualidade quando nos acostumamos a mentir. Ser verdadeiro requer muitas vezes silenciar, deixando o outro livre para impor a verdade dele. Isso é sabedoria e nos aproxima do Purusha, nossa divindade interior.

Não emite ninguém, seja você mesmo e respeite incondicionalmente a todos. Uma rosa artificial nunca será uma rosa de verdade. E a rosa real continua a exalar o seu perfume por mais que a esmaguem. Assim, nunca finja ser o que você não é em sua essência mais profunda. Procure sempre se conhecer internamente antes de quaisquer fenômenos externos.

O ganho de autoconhecimento requer autoanálise. Autoanálise requer silêncio. Se a sua mente é agitada, sua respiração será acelerada, e você não conseguirá se concentrar. Inicie toda e qualquer prática espiritual de meditação observando e acalmando a respiração. Ao serenar a respiração, sua mente estará serenada.

Não se compare com os outros e não se preocupe se você não está conseguindo meditar adequadamente. Meditação é um ato de interioridade, não precisa parecer estar meditando. Não é a postura que faz o meditador, assim como a roupa não faz o monge. Ao se comparar, se você enxergar mais qualidades no outro e mais imperfeições em si mesmo, despertará o ego invejoso. Se, ao contrário, você perceber mais defeitos no outro e mais qualidades em você, acordará o ego vaidoso. Em ambas as situações só tem a perder. Por isso, siga em frente em sua prática, esforce-se para seguir os preceitos e as observâncias deixados pelos mestres autorrealizados e entregue tudo a Deus.

Conquiste e preserve a amizade do seu Orixá, sua Divindade Interna, o Purusha. Para ele, não importa se sua Alma está coberta de carvão ou se é um diamante refletor da Luz Divina que ele emite, desde que você seja sincero, honesto e verdadeiro e nunca se compare com os outros, pois para o Divino você é único. Ele é seu amigo inseparável e nunca o abandonará. É ele que estará contigo no momento do seu último suspiro no corpo físico. Ele é o núcleo central da sua consciência, e quanto mais percebê-lo, mais você estará evoluindo e paulatinamente se liberando de renascimentos em corpos perecíveis, como são os corpos humanos. Há muitas e infinitas moradas na casa do Pai/Mãe Cósmico.

Torne-se melhor, mais pacífico e sensível à medida que domina as tendências hereditárias do eu ego personalístico. Evoluímos e nos aperfeiçoamos espiritualmente quando conseguimos impor os atributos do "princípio espiritual" do eu superior, na sua autenticidade alojada na individualidade imortal, o Purusha, sobre as tendências transitórias dos instintos e desejos sensórios da matéria. Observe que todos os mestres espirituais fidedignos que pisaram no mundo ilusório terreno estimularam e orientaram a consciência humana para a mais breve libertação do cárcere dos corpos transitórios e mortais. Renascimentos sucessivos em corpos de carne equivalem a trocar um presidiário de cela, mas ele continua no presídio. As consciências que renascem humanas em planetas inferiores sofrerão o efeito da fadiga dos elementos que compõem os seus corpos. O trabalho intensivo e espiritual do homem espiritualizado deve conduzi-lo a um novo entendimento sobre a sua vida eterna e mantê-lo incessantemente vigiando a sua própria vivência física finita, no sentido de vencer o mais cedo possível os instintos subconscientes que o esporeiam para se iludir com a matéria, similarmente ao cocheiro que chicoteia o cavalo cansado para seguir adiante.

Obviamente, a civilização humana é o "meio", e não o "fim" para o indivíduo conquistar a sua liberação espiritual definitiva. Ele deve governar, e não ser governado, pelos valores medíocres do mundo material. Afinal, caixão de morto não tem gaveta, nada se leva para o além-túmulo. Até justifica-se quem sofre a atração do brilho dos objetos atraentes da vida física, todavia enquanto ainda ignora a realidade espiritual eterna. No entanto, depois que descobre por experiência direta na meditação profunda sua natureza sublime e imortal, se apercebe da valência do "reino divino" em si mesmo e deve proceder a sua libertação gradativa, desimantando-se conscientemente das algemas gravitacionais dos desejos e sentidos inferiores. Se persistir no culto primário e ilusório do mundo, contrariará completamente a natureza verdadeira do Purusha enquanto núcleo vitalizante da consciência divina imortal, agravando-se sua situação evolutiva cármica.

Assim como a chama incendeia o pavio da vela, mas a luz não adere à parafina transitória que se consome no fogo, o Purusha ilumina as formas físicas do mundo transitório onde precisa ativar e expandir a consciência, mas nunca perderá a sua autonomia espiritual pela escravização às formas impermanentes. Quem se perde e se escraviza é o consórcio mente-ego, visto que ambos fazem parte da consciência, mas não são a totalidade da consciência e nunca afetarão a potencialidade da divindade interna, o Purusha/Orixá.

O indivíduo que experimenta diretamente a comunhão com Deus por meio da união com a micropartícula cósmica divina que o habita é um herói sideral, o autêntico vencedor da batalha do ego – pequeno eu – contra a Alma – Eu Superior. Superou e deixou para trás os seus maiores inimigos: os vícios, as paixões degradantes e os prazeres extravagantes. Não se ilude mais com bens transitórios e não duradouros, que enfraquecem as qualidades do Espírito imortal. Embora muitas vezes considerado um tolo, ou pobre de espírito, porque é um "perdedor" aos olhos dos competidores ambiciosos do mundo material, é em verdade o vitorioso que experimentou Deus pela experiência pessoal e direta na meditação profunda. Aflorou nele com força a potencialidade da Alma livre emancipada, que finalmente domesticou as forças inferiores instintivas alojadas no subconsciente e impediu definitivamente o imperialismo dominante do ego e da mente sensória na face triste e ilusória de um planeta impermanente.

Paradoxalmente, diante da "fraqueza humana" reside exatamente o poder e a glória do Eu Superior, que venceu e liberou-se definitivamente da prisão das formas ilusórias da matéria. Isso não quer dizer que o indivíduo se tornou um santo, mas, sim, mestre de si mesmo. Sem dúvida, o homem que renuncia incondicionalmente à prisão humana, para ceder em favor de outros competidores que conclamam que entre na disputa do mundo, acaba na maioria das vezes interpretado como um ser excêntrico, que valoriza no mundo físico uma visão e um modo de ser inadmissível às criaturas ainda afeitas às conquistas e à dominação. Esse mestre de si mesmo, que mergulha profundamente na realidade do Espírito, sempre que medita é um fraco perante a sociedade moderna, um aparente fracassado em qualquer empreendimento de sucesso que o senso comum valoriza e enaltece. No entanto, suposto insignificante mendigo entre os grandes homens ricos, é gigante indestrutível no além-túmulo, pois mobilizou e interiorizou na consciência seus atributos divinos imortais – entrou num reino onde a vida é verdadeira, porque é definitiva e não perece.

>Firme sem agitação, uma lamparina queima, abrigada do vento.
>Assim é a mente do iogue,
>Cerrada às tormentas dos sentidos, mas ardendo vivamente para a bem-aventurança da Alma.
>Quando a mente serenada medita, plácida, acalmada pelo sagrado hábito,
>O ser (ego) contempla o Ser (Purusha), e nisto encontra consolo, a inefável alegria.
>Fora do alcance dos sentidos, revelada à alma...
>Somente à alma!
>Conhecendo-a não se agita a mente.
>Fiel à Verdade suprema; quando a possuindo não considera outro tesouro a ela comparável.
>Mas, ali atracada a atenção, o observador não se confunde com o que é observado, não se agita nem se perturba com nenhuma aflição; não há apego nem aversão – chamem a este estado de paz.
>A esse feliz desprendimento, Ioga; este homem que medita é...
>O perfeito Iogue!

Referências

BHASKARANANDA, Swami. *Meditação:* mente e ioga de Patanjali. São Paulo: Vedanta, 2019.

HERMÓGENES. *Yoga:* caminho para Deus. Rio de Janeiro: Best Seller, 2006.

MEHTA, Rohit. *Yoga:* a arte da integração. Brasília, DF: Teosófica, 1995.

PATANJALI. *Os Yoga Sutras de Patanjali*. São Paulo: Mantra, 2019.

RITAJANANDA, Swami. *A prática da meditação*. 2. ed. São Paulo: Vedanta, 2017.

SLATER, Wallace. *Raja yoga:* um curso simplificado de yoga integral. Brasília, DF: Teosófica, 2008.

TAIMNI, Iqbal Kishen. *Preparação para o yoga*. 3. ed. Brasília, DF: Teosófica, 2012.

YOGANANDA, Paramahansa. *Deus fala com Arjuna:* o Bhagavad Gita. Los Angeles: Self-Realization Fellowship, 2019a. v. I: Capítulos 1-5.

_____. *Deus fala com Arjuna:* o Bhagavad Gita. Los Angeles: Self-Realization Fellowship, 2019b. v. II: Capítulos 6-18.

_____. *Onde existe luz*. Los Angeles: Self-Realization Fellowship, 2016.

_____. *Jornada para a autorrealização*. Los Angeles: Self-Realization Fellowship, 2014.

_____. *Autobiografia de um iogue*. Los Angeles: Self-Realization Fellowship, 2013.

_____. *Romance com Deus*. Los Angeles: Self-Realization Fellowship, 2013.

_____. *Afirmações científicas de cura*. Los Angeles: Self-Realization Fellowship, 2008.

_____. *Meditações metafísicas*. Los Angeles: Self-Realization Fellowship, 2008.

_____. *A eterna busca do homem*. Los Angeles: Self-Realization Fellowship, 2001.

_____. *No Santuário d'Alma*. Los Angeles: Self-Realization Fellowship, 2001.

Outras obras de Norberto Peixoto

Refletiu a Luz Divina
ISBN: 978-65-88737-17-0
Páginas: 184

A pedido dos leitores, Refletiu a Luz Divina faz um recorte panorâmico e sintético do conteúdo das obras de Norberto Peixoto, servindo de ponte introdutória à Umbanda. Nesta obra, o autor aborda temas considerados "segredos" e "mistérios" ainda pouco falados aos que batem nas portas dos templos umbandistas, em busca de consolo e alívio às suas aflições. Assuntos que exigem esclarecimentos e respostas para que a Luz Divina seja adequadamente entendida e capacite as consciências para a reunificação e reintegração com Deus. Afinal, o que é Umbanda? O que faz uma casa umbandista? O que acontece durante os atendimentos espirituais aos consulentes? Cada vez mais a Umbanda deve ser percebida em seu real propósito como religião genuína e ciência de autorrealização espiritual, não "meramente" preconceituada como uma seita ou balcão de milagres, fruto da ignorância e da incompreensão.

Estrela guia: o povo do Oriente na Umbanda
ISBN: 978-65-99035-35-7
Páginas: 160

Nesta obra, Pai Tomé nos brinda com o sentido amplo da Religião Eterna e o seu impacto no meio umbandista, trazendo-nos conhecimentos que foram repassados por seres cósmicos, antigamente considerados divindades, aos sábios orientais desde tempos imemoriais. Ampara-nos, com maestria, em experiências fora do corpo físico, para compreendermos os meandros complexos e ocultos da mente – a raiz das obsessões e doenças –, e descortina ao entendimento comum a porção divina da alma, o Orixá Ancestral. Ainda explica os motivos da reencarnação em massa de Espíritos orientais no Brasil e como isso influenciará a mediunidade e a formação da nova consciência planetária.

As flores de Obaluaê - o poder curativo dos Orixás
ISBN: 978-85-55270-65-9
Páginas: 192

Assim como os milhos expostos ao fogo transformam-se em pipocas, cada grão a seu tempo, a regência dos Orixás nas vidas humanas nos conduz a profundas mudanças de consciência, abrindo-nos como flores ao amor universal e à formação de uma consciência transcendental. Independentemente de acreditarmos no Orixá na forma de um santo católico, uma divindade africana, um índio brasileiro, uma pedra ou qualquer ponto de força da natureza, o que importa é compreendermos que o empoderamento no axé d'Eles, em Seus poderes de realização, é diretamente proporcional ao caráter elevado de quem os invoca e à intenção direcionada ao bem comum.Entenda o processo de empoderamento dos Guias Espirituais da Umbanda, que atuam em seus médiuns e invocam o poder curativo dos Orixás. Este livro traz nuanças "inéditas" do terreiro como núcleo promotor de saúde sob a perspectiva da psicologia ancestral dos velhos Babalaôs.

O magnetismo na casa umbandista
ISBN: 978-85-55270-62-8
Páginas: 168

A fisiologia do passe é aprofundada nesse guia prático, além dos conceitos de magnetismo, duplo etérico e aura humana. O autor explica com simplicidade e didática, correlacionando a esses conhecimentos noções básicas de anatomia humana, chakras, energias primordiais dos Orixás e o uso dos cristais e cromoterapia. Todos esses saberes são mantenedores da saúde orgânica e psíquica do indivíduo, sendo pré-requisitos mínimos exigidos para uma parceria mediúnica madura com os nossos mentores e guias espirituais.

Encantos de Umbanda
ISBN: 978-85-55270-27-7
Páginas: 168

Uma obra composta por uma série de conhecimentos que abordam temas pouco esclarecidos e vivenciados no mediunismo de terreiro, como a suposta ambiguidade de Exu, os fundamentos da fitoterapia astral, a magia de pemba, o culto a Ori (cabeça) e aos Orixás, os endereços e assentamentos vibratórios, as palavras sagradas e o poder do verbo, entre outros. Discorre ainda sobre questões como os preconceitos e rótulos religiosos equivocados que rodeiam o "núcleo duro" da Divina Luz nas terras do Cruzeiro Divino. Sem dúvida, leitura indispensável, que deve estar na estante de todo adepto da fraternidade universal.

O transe ritual na Umbanda
ISBN: 978-85-55270-98-7
Páginas: 152

Na Umbanda existem milhares de terreiros que mantêm uma igualdade ou "núcleo central", a chamada mediunidade de incorporação – um tipo de transe induzido através de ritos disciplinadores, preventivo de doenças e mantenedor da saúde. Neste livro apresentamos um guia de estudos para compreendermos melhor nosso mundo íntimo e as dimensões espirituais que o influenciam. Sem dúvida, trata-se de roteiro seguro para entendermos nossas potencialidades anímicas e mediúnicas, auxiliando a rompermos as barreiras do preconceito, da intolerância e do medo do desconhecido, resgatando o "vós sois deuses", a essência sagrada que reside em todos nós.

Os Orixás e os ciclos da vida
ISBN: 978-85-55270-37-6
Páginas: 184

Neste livro as questões instigantes referentes à existência humana, inspiradas pelo espírito Senhor Ogum Sete Estradas – Ramaogundá – são elucidadas com profundidade. O autor resgata tradições ancestrais, histórias apaixonantes e esclarecedoras e nos aprofunda nos ensinamentos ocultos declarados, desvelando alguns saberes que se relacionam com a mitologia dos Orixás e, consequentemente, com a nossa essência. A obra foi escrita numa linguagem acessível e serve como um guia de estudos e reflexão para umbandistas, adeptos das religiões da diáspora africana e simpatizantes em geral, afeitos a estes saberes milenares que forjam inexoravelmente a alma universalista do brasileiro.

Outros títulos do autor, pelo site:
WWW.LEGIAOPUBLICACOES.COM.BR